UNNÜTZES WISSEN HESSEN

Oliver M. Schmidt

UNNÜTZES WISSEN HESSEN

Skurrile und außergewöhnliche Fakten zum Angeben

SUTTON

Zum Geleit

Sie haben sich immer schon gefragt, was zur Geisterstunde mit dem Brüder-Grimm-Denkmal in Hanau passiert, wieso in Kassel eine „riesige ‚Wurst' mit Flugerlaubnis" dreimal platzte, was ein „Mondmann" auf Hessens höchstem Berg suchte und wo der „King of Rock 'n' Roll" noch heute von der Ampel grüßt?

Dann liefert Ihnen dieses Buch endlich die ersehnten Antworten! Egal ob alteingesessener Hesse, „Oigeplackter" oder nur mal schnell auf der Durchreise. Nach der Lektüre dieses Sammelsuriums skurrilen Wissens sind Sie garantiert der Mittelpunkt in jedem Oberschlauen-Plausch. Alles andere als „unnütz" also.

Einfach weiterlesen – Ebbelwoi und Handkäs griffbereit – und tief eintauchen ins „wahre Hessen"!

Viel Spaß!

Die Mückenstürmer von Bad Hersfeld

Im Sommer 1674 entdeckten die Hersfelder Bürger eine „Rauchwolke“ am Turm ihrer geliebten Stadtkirche. Mit Wassereimern stürmten sie eilig zum vermeintlichen Brand – nur um zu bemerken, dass es sich lediglich um einen großen Mückenschwarm handelte. Seitdem sind die Hersfelder als „Mückenstürmer“ bekannt. In der Stadt nimmt man es mit Humor, was das augenzwinkernde Mückenstürmerdenkmal auf dem Linggplatz beweist.

Stumpfe Haube

Als der Kirchturm von Bad Hersfeld am 20. Dezember 1760 nach einem Blitzschlag brannte, wurde dessen schlanke Spitze zerstört. Pragmatisch und kostengünstig – der Siebenjährige Krieg (1756–1763) war schließlich teuer genug gewesen – verpasste man der Kirche eine stumpfe Dachhaube. Heute ist gerade diese einstige Notlösung ein echtes Wahrzeichen der Stadt.

Bock auf die Fulda?

Wer Bock hatte, die Fulda per Schiff zu befahren, kam ab 1601 mit den „Fuldaböcken“ flussauf- und flussabwärts auf seine Kosten. Hatte man das nötige Kleingeld, so konnte man auch seine Waren, hoffentlich trocken, ans Ziel bringen. Und das nach Fahrplan – ein Nachweis der Pünktlichkeit ist indes nicht überliefert …

Dem Himmel so nah – die Willinger Alphornmesse

Wer am letzten Sonntag im August auf einer Morgenwanderung auf dem nordhessischen Ettelsberg unterwegs ist, mag von

vollen Tönen und Gesang überrascht werden. Am Gipfelkreuz, in einer luftigen Höhe von 838 Metern, findet hier ein ganz besonderer Gottesdienst statt: die Willinger Alphornmesse. Das einmalige Ereignis lockt Alphornbläser und Sänger aus ganz Deutschland und den umliegenden Ländern an. Etwa 5.000 Besucher nehmen jährlich an dem ökumenischen Berggottesdienst teil – und Gesang und Alphorn-Klang erfüllen die Willinger Berge.

Mondmann im Segelflieger

Im August 1970 besuchte Neil Armstrong die berühmte Segelflugschule auf der Wasserkuppe. Hier war ein halbes Jahrhundert zuvor bemerkenswerte Pionierarbeit in der Kunst des Segelfliegens geleistet worden. Als Ehrengast dieses besonderen Jubiläums ließ sich der erste Mann auf dem Mond von unzähligen Schaulustigen feiern – und flog dem Trubel schließlich davon. Natürlich in einem Segelflugzeug. Ein Raumschiff war nämlich gerade nicht verfügbar.

Legendärer Segelflieger

Einer der bekanntesten Segelflugpioniere war Günther Groenhoff (1908–1932). Ab 1929 auf der Wasserkuppe als Fluglehrer tätig, entwickelte er durch eigene Entdeckungen die Segelflugkunst entscheidend weiter. Groenhoff unternahm zahlreiche Tests und Flugversuche und stellte nebenbei erstaunliche Distanzrekorde auf. Seine Leidenschaft wurde ihm schließlich zum Verhängnis, als er beim 13. Rhönwettbewerb im Juli 1932 mit seinem Segelflugzeug abstürzte. Noch heute erinnern das „Groenhoff-Haus“ auf der Wasserkuppe sowie zahlreiche Denkmäler und Straßennamen – auch außerhalb von Hessen – an den legendären Flieger.

Rhön-Indianer

Die Flugzeugkonstrukteure Alexander Lippisch und Gottlob Espenlaub blieben das ganze Jahr über auf der Wasserkuppe und erhielten bald den Spitznamen „Rhön-Indianer". Schneemassen, Nebelwände und hungrige Nagetiere gehörten zum harten Alltag auf dem höchsten Berg der Rhön – und der höchsten Erhebung Hessens (950 m). Als schließlich 1920 eine Baracke erbaut wurde und zwei Luftpolizisten und ein Koch für Sicherheit und warme Mahlzeiten sorgten, verschwendeten die „Rhön-Indianer" keine Zeit mit korrekter Anrede: Die Neulinge wurden schlicht „1", „2" und „3" getauft.

Rhöner Vampir

Arthur Martens gelang es 1922 mit seinem „Vampyr", die Wasserkuppe insgesamt zehn Mal zu umrunden. Ganze 66 Minuten lang umkreiste der „Rhöner Vampir" den Berg – eine für damalige Verhältnisse gigantische Flugzeit! Damit stellte er gleich drei Weltrekorde auf einmal auf.

Rhöner Raketenflug

Der weltweit erste bemannte Raketenflug startete von der Wasserkuppe. Im Juni 1928 setzte sich Pilot Fritz Stamer in die „Lippisch-Ente" und schrieb Fluggeschichte. Finanziert wurde der Flug von dem Rüsselsheimer Fritz von Opel – seinen Zeitgenossen besser bekannt als „Raketen-Fritz".

Rhöner Weltrekord

1912 errang Hans Gutermuth mit seinem selbst gebauten motorlosen Doppeldecker auf der Wasserkuppe einen Weltrekord: Er blieb fast zwei Minuten in der Luft und glitt über eine Strecke von 843 Metern. Zwei Minuten mögen dem Laien heutzutage nicht viel erscheinen. Vor mehr als hundert Jahren war dies aber eine herausragende Segelflug-Leistung. So sollte es nach Gutermuths Flug auch ganze acht Jahre dauern, bis sein Rekord gebrochen wurde.

Segelflugmuseum

Einige Rekorde kann man im Deutschen Segelflugmuseum auf der Wasserkuppe hautnah nachvollziehen. Sicher gibt es für eine Ausstellung zu diesem Thema keinen passenderen Ort als den „Berg der Flieger“, die Geburtsstätte des Segelfluges und Modellflug-Mekka! Das Museum der Segel- und Modellfluggeschichte ist weltweit das größte seiner Art.

Zielscheibe Denkmal

Das Fliegerdenkmal auf der Wasserkuppe in der Rhön wurde zu Ehren der gefallenen Feldpiloten im Ersten Weltkrieg errichtet. Besatzungssoldaten im Zweiten Weltkrieg sahen in der Adlerskulptur wohl hauptsächlich etwas anderes: eine Zielscheibe. Nach dem Krieg mussten 68 Durchschüsse geflickt werden!

Wenn die Blockflöte in die Klinik muss

Das quietschende Fiepen einer Blockflöte kennen sicher viele noch aus der Grundschule. Wenn nicht der angehende Musikant das eigentliche Problem darstellt, sondern sein Instrument verstimmt oder beschädigt sein sollte, findet sich in Fulda Hilfe. In der Blockflötenklinik der weltweit renommierten Instrumentenbauer-Firma Mollenhauer werden die heiser jaulenden und in Mitleidenschaft gezogenen Patienten wieder auf Vordermann gebracht. Während der Corona-Pandemie musste man jedoch ein bisschen mehr Geduld mitbringen, denn sicherheitshalber wurden die eingespeichelten Flöten erst einmal zwei Wochen in „Quarantäne" eingelagert.

Hobbygärtner aufgepasst!

Passend zum Stadtnamen gibt es in Gießen ein Gießkannenmuseum. Seit 2011 kann man hier eine ständig wachsende Sammlung in all ihren Formen und Farben bewundern. Zahlreiche Spender haben dabei eine kurze Geschichte zu ihrer Kanne gleich mitgeliefert. So bietet das „GiKaMu" auch ein Füllhorn an persönlichen Anekdoten und Lebensgeschichten rund um die praktische Kanne.

Altehrwürdige Alma Mater

Die Philipps-Universität Marburg ist die älteste Hochschule Hessens: Die altehrwürdige „Alma Mater Philippina“ gibt es bereits seit 1527! Namensgeber und Gründer war Landgraf Philipp der Großmütige. Zahlreiche Studiengänge locken noch heute Lernbegierige aus nah und fern an und machen Marburg zur beliebten Studentenstadt. Einer der angebotenen Studiengänge ist übrigens Germanistik, die Absolventen dazu befähigt, Bücher über vermeintlich „unnützes Wissen“ zu verfassen.

Barfuß durch Marburg

Im Herzen der Marburger Oberstadt liegt die Barfüßerstraße. Arme Mönche, die hier früher in einem Kloster lebten, sorgten mit ihrem schuhwerklosen Auftreten für den ungewöhnlichen Namen. Heute ist die Straße dank der zahlreichen Kneipen und Cafés besonders bei Studenten sehr beliebt. Gerade in heißen Sommernächten sind so auch in modernen Zeiten hier wieder viele Barfüßer und Barfüßerinnen unterwegs.

Gasse des schlechten Gewissens

In Marburg gibt es die „Scheppe Gewissegasse", übersetzt: „Schlechtes-Gewissen-Gasse". Wie kam sie zu diesem Namen? Die steil ansteigende Gasse führte einst zu einer Hinrichtungsstätte. Die Verurteilten, die hier gut bewacht hochgeführt wurden, mochte also mitunter wirklich ein schlechtes Gewissen geplagt haben …

Hölle, Hölle, Hölle!

Wer sich fragt, wie es „In der Hölle" wohl aussehen mag, findet im mittelhessischen Beltershausen eine Antwort in Form der Straße gleichen Namens. Entgegen der Benennung ist es dort jedoch eigentlich recht friedlich.

Zur Beruhigung des Gewissens

Wer sich die „Schlechtes-Gewissen-Gasse“ in Marburg hochgeschleppt hat und nach dem anschließenden Aufenthalt „In der Hölle“ in Beltershausen sein Gewissen beruhigen möchte, besucht am besten die Gemeinde Wesertal: Deren Ortsteil Gewissenruh macht seinem Namen alle Ehre und ist ein Erholungsort!

Korsika mal anders

Die Corona-Pandemie hat die Urlaubspläne vieler Menschen torpediert. Am mediterranen Strand in der Sonne liegen – davon träumte so mancher. Doch wozu in die Ferne schweifen, wenn es Ersatz in Hessen gibt? Das hessische Korsika (gibt es wirklich!) mag klimatisch zwar nicht an die gleichnamige Mittelmeerinsel heranreichen, aber das muss ja der Nachbar nicht wissen! Der Weiler im Odenwald liefert jedenfalls Dorf-Feeling im Miniaturformat – ganz ohne lästigen Sonnenbrand.

Ein Meer aus Felsen

Als würde man über ein „Meer aus Felsen" laufen – dieses besondere Gefühl verlieh dem Odenwälder Felsenmeer seinen Namen. Fast einen Kilometer lang kann man sich hier „nach oben hangeln". Vorsichtige Wanderer mit kleinen Kindern gehen alternativ den Wanderweg nebenher. Wie diese Steinmassen entstanden sind? Laut der Legende haben sich zwei Riesen namens Felshocker und Steinbeißer einst eine unerbittliche Steinschlacht geliefert – und niemand hat nach ihnen aufgeräumt. Wer einmal da war, mag es fast glauben.

Sternenstadt Fulda

Fulda ist die erste deutsche „Sternenstadt“. Diesen Titel bekam die Barockstadt im Januar 2019 von der International Dark-Sky Association (IDA) verliehen. So wenig Lichtverschmutzung wie möglich dank nachhaltiger und intelligenter Lichtlösungen – das war und ist das Motto. Dies schützt Mensch und Natur gleichermaßen: Denn weniger künstliches Licht sorgt nicht nur bei müden Bürgern für einen besseren Nachtschlaf. Auch die Tier- und Pflanzenwelt kann dank der „eingehaltenen Nachtruhe“ bei natürlicher Dunkelheit besser „durchatmen“. Und wer nachts unterwegs ist, sieht so mehr Sterne als die meisten anderen Stadtmenschen.

Sternenpark Rhön

Die Nachtlandschaften des UNESCO-Biosphärenreservats Rhön wurden 2014 von der IDA (International Dark-Sky Association) als „Internationaler Sternenpark“ geadelt. Die (teilweise hessische) Rhön gehört zu den dunkelsten Orten Deutschlands. Sternengucker kommen von weit her, um hier – ungestört von der Lichtverschmutzung größerer Ballungszentren – den Nachthimmel zu beobachten. Wer also einmal spätabends in der (hessischen) Rhön auf Reisen ist, werfe einmal einen Blick in den beeindruckenden Sternenhimmel. Zahlreiche Erhebungen laden Hobby-Astronomen dazu ein.

Steinau an der (Königlichen) Straße

Die „Straße" im Ortsnamen „Steinau an der Straße" bezieht sich auf die Via Regia, den „Königlichen Weg". Dies war eine wichtige west-östlich verlaufende Handelsstraße im Mittelalter und in der frühen Neuzeit.

Adam Opel

Die Geschichte der Firma Opel begann in einem ehemaligen Kuhstall in Rüsselsheim. Adam Opel, geborener Rüsselsheimer, stellte hier ab 1862 zunächst Nähmaschinen her. Später sattelte er auf Fahrräder um und schaffte es gar vorübergehend bis zum größten Drahtesel-Hersteller der Welt. Mit Autos hatte der alte Opel übrigens wenig am Hut: Für ihn waren es „stinkende Kutschen". Erst nach seinem Tod stellten Opels Söhne die ersten Autos her – und hatten damit maßgeblichen Anteil an Rüsselsheims Aufstieg zur Arbeiter- und Industriestadt.

BBC? Nein, BCC!

Im südhessischen Altenhain gibt es einen Bobby-Car-Club (BCC). Dass es dabei nicht im Schneckentempo zugehen muss, beweist ein Weltrekord: Mit 115 Sachen war ein Vereinsmitglied auf einem frisierten Bobby-Car unterwegs – hoffentlich mit Helm! (Liebe Kinder, bitte nicht nachmachen!)

Weltberühmte Gasse

Jährlich flanieren etwa drei Millionen Fußgänger über das Kopfsteinpflaster der Drosselgasse. Die knapp 150 Meter lange Gasse in Rüdesheim am Rhein – mit ihren unzähligen Lädchen, Weinlokalen und den urigen Fachwerkhäusern – ist weltbekannt.

Vulkanischer Vogelsberg

Wer einmal am Vogelsberg wandern war und die idyllische Natur erlebt hat, mag erstaunt sein, wenn er mehr über die Vergangenheit des Mittelgebirges erfährt. In früheren Zeiten brodelte es hier nämlich gewaltig: Zahlreiche Vulkane spuckten ihre glühende Lava aus, bis sie vor etwa sieben Millionen Jahren erloschen. Das 2.500 Quadratkilometer große Areal ist Mitteleuropas größtes zusammenhängendes Vulkangebiet.

Vogelfreundliche Delikatesse

„Spatzeklöß“ enthalten trotz des Namens keinen Piepmatz. Die Rhöner Spezialität ist ein altes Armeleutegericht, das im Wesentlichen aus Mehl besteht. Mit würziger Lauchsoß’ serviert, sind „Spatzeklöß“ heute in Rhöner Lokalen eine Spezialität.

Der Keltenfürst vom Glauberg

Am Glauberg im Wetteraukreis wurden zwischen 1994 und 1997 drei keltische Fürstengräber aus dem 5. Jahrhundert v. Chr. entdeckt. Zu den herausragendsten Funden neben Goldschmuck und Waffen gehört eine steinerne Statue, die rasch den Beinamen „der Keltenfürst vom Glauberg“ bekam. Bis auf die Füße ist sie komplett erhalten. Mit 230 Kilogramm ist der Fürst ein echtes Schwergewicht!

Alarmanlage Lärmfeuer

Lärmfeuer – so heißt ein Berg im hessischen Odenwald. Der Name geht auf die Signalstationen zurück, die hier in früheren Zeiten auf einer Kette von Bergspitzen errichtet waren. Diese sogenannten Lärmfeuer, bestehend aus riesigen Holzstößen, wurden bei Gefahr entzündet. So warnten sie, lichterloh und gut sichtbar lodernd, die Bevölkerung vor heranziehenden Bedrohungen. Der Begriff „Lärm" hat dabei wenig mit dem heutigen „Krach" zu tun, sondern bedeutet so viel wie „Alarm schlagen".

Kastanienfeuer

Auf dem Bad Hersfelder „Lullusfest" wirft man traditionell Kastanien in ein großes Feuer. Besonders bei Kindern ist der alte Brauch beliebt, denn die Kastanien knacken und krachen in den Flammen. Wie es genau zu dieser Tradition kam, weiß heute niemand mehr genau. Aber ist das überhaupt von Bedeutung? Die Bad Hersfelder Kiddies würden sicher ihre Köpfe schütteln und eine Handvoll Kastanien ins Feuer pfeffern.

Offenbachs bekanntester Holzhändler

Das „Streichholzkarlchen" war ein echtes Offenbacher Original. Der Humor des gerade einmal 1,30 Meter großen Streichholzverkäufers Karl Winterkorn (1880–1939) ist unvergessen: Nach seinem Beruf gefragt, antwortete er trocken, er sei „Holzhändler". Auf dem Offenbacher Wilhelmsplatz erinnert eine Statue – selbstverständlich in Lebensgröße – an den populären Bürger.

Rast an der Fuldaquelle

Die Quelle der Fulda entspringt auf der Wasserkuppe. Das von Basaltsteinen schmuck eingefasste Rinnsal ist ein echter Rhöner Besuchermagnet und als Naturdenkmal geschützt. Dass die „echte Quelle" eigentlich weiter oben auf dem Berg liegt – geschenkt. Die touristisch hergerichtete „offizielle" Fuldaquelle bietet jedenfalls einen guten Platz für eine Rast, zu der auch die Inschrift des Rhönklubs poetisch einlädt: „Hier halte Rast! Dich labt die Quelle / der Fulda, die mit klarer Welle / den Berggruß rauschend trägt einher, / sie wächst zur Werra hingezogen, / zum Deutschen Strom und senkt die Wogen / als Weser schiffbelebt ins Meer."

Wo Werra sich und Fulda küssen …

220 Kilometer hinter ihrer Quelle vereinigt sich die Fulda mit der Werra – und wird zur Weser. In Hessen lernt man das bereits in der Grundschule: „Wo Werra sich und Fulda küssen, sie ihre Namen büßen müssen, und hier entsteht durch diesen Kuss deutsch bis zum Meer der Weser-Fluss."

„Große Pfütze"

Warum der Fluss Fulda diesen Namen trägt, ist bis heute nicht geklärt. Mögliche Herleitungen des Begriffs haben Bedeutungen wie „Erdwasser" oder gar „Pfütze". Über letztere Erklärung kann der Hesse natürlich nur lachen: In seinem Bundesland ist die Fulda der Fluss mit der größten Fließlänge!

Dolle Dörfer

Welches ist das „Dollste Dorf" in Hessen? Dies entscheidet seit 2003 ein jährlicher Wettbewerb im hr-fernsehen. Lediglich eine Voraussetzung gilt es zu erfüllen: Ein „Dolles Dorf" muss weniger als 2.000 Einwohner haben. Das einzigartigste Dörfchen kann sich dann den Titel sichern. Unter dem Namen „Dolles Dorf" werden außerdem wöchentlich in der Hessenschau hessische Dörfer vorgestellt.

„Riesen-Ei“ mit Rhön-Rundumblick

Eine der bekanntesten Landmarken der hessischen Rhön ist eine überdimensionierte Kugel: Das Radom ist eine aus dem Kalten Krieg übrig gebliebene Schutzhülle für eine Hightech-Radaranlage. Von Hessens höchstem Berg aus wurde damals der Luftverkehr in der nahen DDR beobachtet. Das ist Geschichte. Heute kann man hier von der höchsten Aussichtsplattform Hessens (950 m über dem Meeresspiegel!) das Rhön-Panorama genießen und bis weit in den Vogelsberg blicken. Möge die letzte von einst mehreren Radarkuppeln noch lange bestehen: Denn sonst erkennt man die unscheinbar geformte Wasserkuppe von ferne gar nicht mehr.

Die Leiden des jungen Goethe

Goethes Besuch in Volpertshausen bei Wetzlar sollte ihn zu einem seiner bekanntesten Werke inspirieren. 1772 traf der Dichterfürst und Schwerenöter hier auf einem Tanzfest die bildhübsche und geistreiche Charlotte Buff – die allerdings bereits verlobt war. Die Aussichtslosigkeit der Schwärmerei fand ihren Niederschlag in den „Leiden des jungen Werther" (1774). Wenig verschleiert heißt die fiktive Version des Frauenzimmers darin „Lotte". Im „Lottehaus" in Wetzlar kann man mehr über die Geschichte erfahren.

Größte Kerze

Die größte Kerze der Welt brennt im kleinen Schlitz. Die „Burgenstadt" (in der Nähe von Fulda im mittelhessischen Vogelsbergkreis) schaffte es damit sogar ins „Guinnessbuch der Rekorde". Die „Kerze", die sich stolz und knallrot auf dem historischen Marktplatz in den Himmel reckt, ist eigentlich ein 36 Meter hoher Steinturm. Dieser wird von einem roten Tuch verhüllt – und an seiner Spitze von einer sechs Meter hohen „Flamme" aus über 100 Glühbirnen gekrönt. Die weit sichtbare Riesenkerze ist die besondere Attraktion des Schlitzer Weihnachtsmarktes, der alljährlich an den vier Adventswochenenden geöffnet ist. Gegen einen kleinen Obolus kann man mit einem Aufzug zur Spitze fahren und sich den weihnachtlichen Trubel von oben anschauen.

Feine Geister mit über 400-jähriger Tradition

Die Schlitzer Destillerie gibt es seit 1585. Damit gehört sie zu den weltweit ältesten Brennereien. Schlitzer Korn, Burgenkümmel, Whisky, Gin und andere feine Geister erfreuen sich auch über die hessischen Grenzen hinaus anhaltender Beliebtheit. Prosit!

Nachtwächter-Umtrunk in Schlitz

Schlitzer Schnäpse lassen sich nachts gut kosten. Auf der Stadtwächter-Tour kann man sich dabei Anekdoten über den Alltag eines Nachtwächters anhören und tief in die Geschichte der Burgenstadt Schlitz eintauchen. Und das Schnapsglas gibt's am Ende geschenkt.

Würfeln um die Wurst

Seit über 300 Jahren gibt es in Alsfeld das „Silvesterwürfeln". Mit drei Würfeln muss – je nach Absprache – entweder die höchste oder niedrigste Zahl erwürfelt werden. Würfelbegeisterte treffen sich in Kneipen, Restaurants und Cafés und fordern mit kleinem Einsatz ihr Glück heraus. Würste, Sekt und Hähnchen erwarten die Glücklichen.

Alles Käse?

Der „Ahleburger Käs“ aus Alsfeld ist gar kein Käse, sondern ein leckerer Hackbraten, der mit Brot und „Zwiwwelsoß“ serviert wird. Logisch, oder?

Kilimandscharo in Hessen

Angelehnt an das höchste Bergmassiv Afrikas erhielt eine gigantische Abraumhalde des Kalibergbaus bei Heringen (im hessischen Landkreis Hersfeld-Rotenburg) den Spitznamen „Kalimandscharo“. Der 530 Meter hohe „Berg“, auch „Monte Kali“ genannt, gilt heute als Touristenattraktion. Die Gegend nennt sich wegen ihres Kaliberges und seiner Nachbarhalden auch stolz das „Land der weißen Berge“. Auch wenn nicht jeder Hesse bei dem Anblick der bizarren Pseudoberge die Begeisterung teilen mag … Einen zweiten „Monte Kali“ gibt es übrigens in Neuhof bei Fulda.

Kurzes Liebesglück

Goethe war im Jahr 1775 regelmäßiger Gast in Offenbach, denn hier lebte seine Verlobte Anna Elisabeth „Lili" Schönemann. Das Liebesglück, das den Dichterfürst zu mancher glühenden Zeile inspirierte, hielt allerdings nicht lang: Das Eheversprechen wurde bereits ein halbes Jahr später wieder gelöst.

Früchteteppich

In der Alten Kirche Sargenzell (ein Stadtteil vom osthessischen Hünfeld) ist seit 1988 – immer zum Erntedankfest – ein ganz besonderer Teppich zu bewundern: In wochenlanger Arbeit wird aus vielen Tausend unterschiedlich farbigen Körnern, Samen, Früchten und Blüten auf dem Boden der Sargenzeller Kapelle ein beeindruckender „Früchteteppich" gelegt. Die künstlerischen Motive des etwa 26 Quadratmeter großen „Teppichs" überraschen jedes Jahr aufs Neue – und wecken die Lust auf eine Packung Studentenfutter.

Goldene Ananas 1

Auf den Dächern von Schloss Fasanerie im hessischen Eichenzell befinden sich goldene Ananasfrüchte. Diese erinnern an den Zuchterfolg des damaligen Fürstbischofs Amand von Buseck. Der war über seine Gärtnerkünste im 18. Jahrhundert nämlich derart erfreut, dass es die ganze Welt sehen sollte! Und so grüßen die Tropenfrüchte noch heute vom Dach des Schlosses.

Goldene Ananas 2

Die „Goldene Ananas“ ist im Umfeld von Schloss Fasanerie weit mehr als eine Redewendung. Wenn einmal jährlich das „Fürstliche Gartenfest“ in und um „Hessens schönstes Barockschloss“ seine Pforten öffnet, vergibt eine Jury die gleichnamigen Preise an die bemerkenswertesten Verkäufer und Aussteller. Das jährlich in der Pfingstzeit veranstaltete „Fürstliche Gartenfest“ zählt zu den renommiertesten Gartenveranstaltungen Deutschlands und hat Tausende Besucher aus nah und fern.

Ananas + Architektur = Amand

Amand von Buseck, der erste Fürstbischof in Fulda, war nicht nur begeisterter Ananas-Züchter, sondern auch begabter Zeichner und Hobby-Architekt. Die Entwürfe seiner Bauvorhaben zeichnete er deshalb einfach selbst.

Handgemacht

Handkäse, auch Handkäs, ist eine Käsesorte aus Sauermilch, die, wie der Name schon sagt, ursprünglich von Hand geformt wurde. Auch wenn es den Käse ebenfalls in anderen Bundesländern gibt, ist vor allem die hessische Variante aus dem Rhein-Main-Gebiet bekannt.

Handkäs – mit Musik!

Bei der „Musik“, mit der der Handkäs traditionell serviert wird, handelt es sich um eine zwiebelige Essig-Öl-Marinade. Der Umstand, dass die Essig- und Öl-Flaschen beim Servieren aneinanderschlugen und „Musik“ machten, soll der Marinade ihren Namen gegeben haben. Sarkastischere Sprachwissenschaftler sehen in der „Musik“ eher einen Euphemismus für die anschließenden menschlichen Verdauungsgeräusche …

Korrekte Aussprache

Die „Musik“ des Handkäs betont der Kenner übrigens auf der ersten Silbe. Die zweite Silbe wird, ähnlich der Käsespezialität, dabei verschluckt.

Handkäse-Hochburg

Das hessische Zentrum der Handkäse-Produktion liegt im mittelhessischen Hüttenberg. Weil der Boden für Agrarwirtschaft nicht ideal war, sattelte die Gemeinde bei Gießen auf eine käsigere Alternative um – und liegt damit bis heute vorn.

Gabel nicht nötig

Der traditionsbewusste Frankfurter Handkäs-Gourmet isst seinen „Lieblingsstinker" übrigens ganz ohne Gabel. Mit der Hand muss man ihn trotzdem nicht essen – Messer sind erlaubt.

Flunkertour durch Marburg

In der Universitätsstadt Marburg wird eine „Flunkertour" angeboten. Skurrile Fakten werden dabei mit handfesten Lügen vermischt – und die Teilnehmer dürfen raten, was krude Wahrheit oder dreiste Flunkerei ist.

Klappern für Gott

Wenn in der Rhön am Ende der Karwoche die Glocken schweigen, ertönt statt des Geläuts ein lautes Klappern und Ratschen. Die seltsamen Geräusche werden von eifrigen Kindern auf in der Rhön eigens zu diesem Zweck gefertigten Lärminstrumenten erzeugt – eben den „Ratschen". Der Anführer einer solchen lärmenden Gruppe, die sich zumeist aus Messdienern rekrutiert, darf stolz den Titel „Vorklapperer" tragen. Der tonangebende „Klappermeister" und seine Knappen erinnern die Gläubigen durch den kakophonischen Gruß mit Nachdruck an den Kirchgang.

Jazz erst recht!

Eines der größten Jazzarchive Europas steht im hessischen Darmstadt. Das Jazzinstitut Darmstadt ist ein musikalisches Forschungs- und Informationszentrum von Weltrang.

Waschbären-Hochburg

Kassel gilt als „Waschbären-Hauptstadt“ Europas. Und das wohl alles wegen einer nicht ganz durchdachten Aktion vor beinahe 90 Jahren: Denn 1934 hatte man am Edersee einige der nordamerikanischen Bärchen ausgesetzt, um sie als Pelztiere einzuführen. Diese Urahnen des heutigen „Stadtwaschbären“ haben sich äußerst eifrig vermehrt. Ein Ende dieser bärtigen Bevölkerungsexplosion ist nicht in Sicht.

Korbacher Dackel

Der „Korbacher Dackel“ ist kein Schoßhündchen, sondern der saloppe Spitzname für ein säugetierähnliches Reptil. Sein wissenschaftlicher Name „Procynosuchus“ bedeutet, aus dem Griechischen übersetzt, etwa „Vor-Hundekrokodil“. Der Unterkiefer dieses vorzeitlichen Dino-Dackels wurde in der ca. 20 Meter tiefen Korbacher Spalte entdeckt, einem bedeutenden Fundort für Fossilien. Die Bezeichnung als „Dackel“ geht übrigens auf die sehr kurzen Beinchen der Kreatur zurück.

EU-Mittelpunkt auf Wanderschaft

Gelnhausen-Meerholz war einst geografischer Mittelpunkt der Europäischen Union. Doch da nichts so beständig ist wie der Wandel, verlor es 2013 durch den Beitritt von Kroatien den Titel an das unterfränkische Westerngrund-Oberwestern. Die 15 Kilometer zwischen beiden Orten verband man hierauf brüderlich durch den EU-Mittelpunkte-Wanderweg. Doch dann musste das Vereinigte Königreich austreten und die Harmonie stören – und es wurde wieder neu berechnet. Seit dem 1. Februar 2020 liegt der geografische Mittelpunkt nun in Veitshöchheim-Gadheim bei Würzburg. Mal sehen, wie lange …

Klondike in Hessen

An der Eder kann man im GoldWelten-Claim einen Goldwaschkurs besuchen. Wer so zum waschechten Goldwäscher wurde, darf seine Fundstücke am Ende sogar behalten. Wilde Goldsucher sind allerdings nicht gern gesehen. Also lieber offiziell anmelden, sonst kommt der Sheriff! Und der ist mit allen Wassern gewaschen.

Hessische Riviera

Riviera in Wiesbaden? Der Schiersteiner Hafen wird liebevoll so genannt. Die „Schiersteiner Riviera“ versprüht ein fast schon mediterranes Urlaubsflair – verblüfft während des Hafenfestes aber auch mit rustikalen historischen Aktionen wie einem Drachenboot-Rennen.

Großes Herz

In Fulda lädt ein überdimensionales „Begehbares Herz“ dazu ein, einmal selbst die Reise eines roten Blutkörperchens zu machen. Das fünf Meter hohe Objekt mit einer Grundfläche von 36 Quadratmetern befindet sich im Herzen der Kinder-Akademie Fulda – der einzigen ihrer Art in Deutschland. Der Autor dieses Büchleins kroch als Grundschüler selbst einmal durch das Riesenherz – und hat es bis heute nicht vergessen.

Strahlen wie ein Honigkuchenpferd

In Hilders gibt es ein Museum für Honigkuchen und Wachs. Seltsame Mischung? Hierfür gibt es eine einfache Erklärung: „Honigkuchen“ ist eine alte Bezeichnung für Lebkuchen. Die Leckereien wurden in kleinen Formen hergestellt – und diese bestanden eben aus Wachs.

Kirchhainer Hefezopf-Zocken

In Kirchhain wird nach alter Tradition das Neujahrsgebäck „Berjes“ gebacken. Um den leckeren Hefezopf muss allerdings zunächst gewürfelt werden – so verlangt es der jahrhundertealte Brauch. Heutzutage ist man schon mit wenigen Euro dabei und am Ende – mit etwas Glück – glücklicher „Berjes“-Besitzer und -Esser.

Hollywood in Kassel

Die „documenta“ lockte 2012 einen glamourösen Gast nach Kassel: Brad Pitt, seines Zeichens Hollywoodstar und selbsternannter „Freund der Künste“. Die vor der Neuen Galerie lauernden Paparazzi und Hobby-Fotografen trickste der Schauspieler jedoch aus – und verschwand mit seinen Begleitern durch einen Seitenausgang.

Kadaver-„Kunst“

Ist das Kunst – oder schaut man lieber weg? Ein Kunstwerk von Llyn Foulkes auf der „documenta“ im Jahr 2012 enthielt eine tote Katze.

Frankensteins Burg?

Südöstlich des Darmstädter Stadtteils Eberstadt liegt Burg Frankenstein, die angeblich Vorbild für Mary Shelleys berühmtes Horrorbuch „Frankenstein“ gewesen sein soll. Örtliche Sagen flüstern von dem Alchemisten, Theologen und Arzt Johann Konrad Dippel, der im Jahr 1673 auf der Burg geboren wurde und in deren düsteren Mauern später diverse „mysteriöse Versuche“ durchgeführt haben soll. Auch wenn Historiker diese Geschichten mehr als anzweifeln, genießt der gruselbegeisterte Besucher eine wohlige Gänsehaut: „Was wäre, wenn ...?“

Ritter Georg gegen den Drachen

Unterhalb der Burg Frankenstein soll Ritter Georg von Frankenstein einst einen Lindwurm erschlagen haben. Das schreckliche Wesen sei unersättlich gewesen und habe bevorzugt junge Damen vernascht – sehr zum Leidwesen der Bewohner des Dorfes Nieder-Beerbach. Ritter Georg hatte genug von den drakonischen Fressattacken und erlegte den Lindwurm in einem spektakulären Zweikampf im Steinbruch unterhalb der Burg. Im Todeskampf erwischte ihn allerdings das Gift des Wesens – wodurch auch der tapfere Recke sein Leben ließ. Die Lindwurm-Sage, von der viele Varianten existieren, ist bis heute unvergessen. Zu Ehren dieser heroischen Tat wurde das Denkmal eines steinernen Lindwurms errichtet.

Das Urteil der Geisterjäger

Die US-amerikanische Geisterjäger-Show „Ghost Hunters International“ widmete dem vermeintlichen Gruselschloss Burg Frankenstein eine ganze Episode. Als Fazit bescheinigte das unerschrockene Team dem Gemäuer eine „signifikante paranormale Aktivität“. Na, das ist doch was – oder?

Hexenberg

Unweit der Burg Frankenstein, am Rand des Odenwaldes, liegt der Ilbes-Berg. Wegen seiner magnetischen Steine wird er im Volksmund auch „Magnetberg“ genannt. Alte Sagen schreiben den Magnetismus einem finsteren Hexenkult zu, dessen Anhängerinnen hier ihr Unwesen getrieben haben sollen. Die Erklärung der Wissenschaft liest sich da nüchterner: Die magnetische Wirkung geht auf Blitzeinschläge zurück. Unter dem Namen „Magnetsteine“ sind die ungewöhnlichen Objekte als geologisches Naturdenkmal geschützt.

Badespaß mit Frau Holle

Wo mag „Frau Holle" wohl am liebsten baden? Natürlich in Hessen – im Frau-Holle-Teich! Auf dem Hohen Meißner im nordhessischen Werra-Meißner-Kreis versteckt sich dieses sagenhafte Stillgewässer in 620 Metern Höhe in einer Bergsenke. Der Sage nach badet „Frau Holle" hier zur Mittagszeit als junge Schönheit – und verführt oder veräppelt einsame Wanderer, wohl je nach Sympathie … Junge Frauen mit Kinderwunsch soll ein Bad im See indes fruchtbar machen. Versuchen kann man es ja mal …

Das Tor zur Märchenwelt

Laut alten Märchen ist der Frau-Holle-Teich „unendlich tief". Im Wasser verberge sich gar der Eingang zu „Frau Holles" Reich, wo sie in einem silbernen, blumenumrankten Schloss auf mutige Besucher warte. Besonders Mädchen und Frauen würden von ihr reich beschenkt. Kein Wunder, dass auch die Gebrüder Grimm zu den Besuchern des märchenhaften Sees zählten. Vielleicht haben sie ja den Eingang gefunden …? Dass der Teich übrigens schon vor 2.000 Jahren eine Kultstätte war, beweisen Münzfunde aus der Zeit des römischen Kaisers Domitian.

Haariger Märchenturm

Im Turm der Trendelburg in Nordhessen soll „Rapunzel" einst gefangen gewesen sein. Ihre Haarpracht muss wirklich gigantische Ausmaße gehabt haben, denn der Bergfried ist 40 Meter hoch! An einem Haarzopf schwingend muss man diese Höhe jedoch heutzutage nicht mehr zurücklegen. Stattdessen nimmt man einfach die Wendeltreppe. „Rapunzel" und ihr Prinz sind hier dank des unsterblichen Märchens echte Celebritys. Und so wundert es einen auch nicht, wenn sie in der Burg Autogramme verteilen.

Im Dorf der Zwerge

Im nordhessischen Landkreis Waldeck-Frankenberg liegt ein Ort, der dem Märchen von „Schneewittchen" entsprungen zu sein scheint. Das einstige Bergmannsdorf Bergfreiheit (ein Stadtteil von Bad Wildungen) wirkt so, als sei es in früheren Zeiten von „Zwergen" bevölkert gewesen. Die urigen Einzimmerhäuser, deren Grundfläche gerade einmal 20 Quadratmeter beträgt, mussten den hier untergebrachten Bergleuten ausreichen. Die Architektur des ehemaligen Zentrums des Kellerwald-Bergbaus ist weltweit einzigartig.

Schneewittchenhaus

Im „Schneewittchenhaus" wird das Märchen lebendig – und mit etwas Glück trifft man sogar auf die Namensgeberin oder ihre sieben Zwerge. Die Märchenfiguren sind im Bergmannsdorf Bergfreiheit nicht nur als Skulpturen zu finden, sondern auch in Fleisch und Blut zu bewundern: als sympathische Gastgeber im „Schneewittchenhaus" und auf der Naturbühne.

Wer war Schneewittchen?

Der hessische Lokalhistoriker Eckard Sander vermutet, das reale Vorbild der Märchengestalt Schneewittchen sei die bildschöne Prinzessin Margaretha von Waldeck (1533–1554) gewesen, die mit 21 Jahren mutmaßlich vergiftet wurde. Aus den Gerüchten, die sich um ihren frühen Tod rankten, ist so womöglich das Märchen entstanden.

Hessischer Urwald

Im Urwald Sababurg im Naturpark Reinhardswald laden die gigantischen Stämme der Hutebuchen zum Staunen ein. Die jahrhundertealten Baumriesen, die einst dem Weidevieh und ihren Hirten Schatten spendeten, erinnern an mythische Gestalten wie Tolkiens „Ents“. Ein Paradies für Hobby-Waldläufer!

Wie's in den Wald schallt ...

„Halloh, Halloh, Halloh ..." – ob das sprichwörtliche Echo diesem hessischen Urwald zu seinem Namen verholfen hat? Der urige frühere Hutewald „Halloh" liegt im Naturpark Kellerwald-Edersee, südöstlich des gleichnamigen Nationalparks. Als Flächennaturdenkmal steht er unter besonderem Schutz. Die passende Grußformel, wenn man auf gleichgesinnte Wanderer trifft, bedarf keiner weiteren Erklärung.

Futter für die Schweine

Was bedeutet überhaupt „Hutewald"? Wer hungrige Tiere ernähren musste und sich keine eigene Weide leisten konnte, trieb das Vieh einfach in den Wald – zur „Waldweide" eben. Bucheckern und Eicheln lieferten dort zum Beispiel Schweinen ein üppiges Festmahl.

Stürmische Urgewalt

Viele werden sich noch gut an den Orkan „Kyrill“ erinnern, der im Januar 2007 durch ganz Europa fegte. Wer hingegen eine Erinnerungsauffrischung braucht, kann sich die Verwüstungen auf dem 838 Meter hohen Ettelsberg anschauen. Auf dem „Kyrillpfad“ wurde seit dem Sturm alles unberührt belassen. Der Lehrpfad führt somit durch ein Chaos an umgestürzten Bäumen und lässt eindrucksvoll die Urgewalt des Sturms erahnen.

Stürmischer Gärtner

So verheerend der Sturm „Kyrill“ war, so hatte er doch einen unerwartet positiven Nebeneffekt. Der Landesbetrieb „HessenForst“ zog ein Jahrzehnt später die positive Bilanz: „Kyrill“ habe die Entwicklung von Rein- zu Mischwäldern deutlich beschleunigt. Denn 80 Prozent der zerstörten Bäume waren Fichten, deren Wurzeln besonders flach sind. Deren jähes Ende schaffte Platz für mehr Diversität in hessischen Wäldern – und die ist forstwirtschaftlich unbedingt wünschenswert.

Warum so viele Fichten?

Die in Hessen weitverbreitete Fichte wurde massenhaft während des Zweiten Weltkriegs angepflanzt. Der Grund liegt auf der Hand: Sie wächst sehr schnell und bietet damit früher einen guten Holzertrag als gemächlicher wachsende Arten.

Ich glaub', ich steh' im Wald!

In keinem deutschen Bundesland gibt es einen höheren Waldanteil als in Hessen: Stolze 42 Prozent des Landes sind bedeckt von Wäldern! Lediglich Rheinland-Pfalz kann da mithalten – so teilt man sich brüderlich den ersten Platz. Dank seiner „grünen Mitarbeiter" läuft die hessische Sauerstoffproduktion auf Hochtouren!

Methusalem der Bäume

Wer von Hessens unzähligen Bäumen wohl die meisten Jahre auf dem Buckel hat? Der älteste bekannte Baum in Hessen – und vielleicht in ganz Deutschland – ist eine Linde im osthessischen Schenklengsfeld. Das Alter des Baumriesen schätzt man auf mehr als 1.000 Jahre! So trägt er auch stolz den Beinamen „Tausendjährige Linde". Ob romantische Tänze unter den mächtigen Zweigen oder die Verurteilung von Kriminellen: Die alte Linde hat in den zahlreichen Jahrhunderten vieles erlebt – und wird noch heute geehrt. Alle zwei Jahre feiern die Schenklengsfelder zu Ehren ihres überregional berühmten Baums das „Lindenblütenfest".

Wandelnder Wald in Eschwege

Wenn in Eschwege das jährliche „Johannisfest" gefeiert wird, ist die ganze Kreisstadt auf den Beinen. Und selbst der Wald scheint fröhlich durch den Ort zu wandeln: Denn beim traditionellen „Maienzug" tragen Schüler Birkengrün durch die Straßen. Ausgelassene Stimmung und Blätterrauschen – was will man mehr?

Lebendige Statuen

Zu den berühmtesten Hanauern zählen zweifellos die Brüder Grimm. Das Grimm-Nationaldenkmal auf dem Marktplatz zeigt die beiden ähnlich aussehenden Geschwister Jacob und Wilhelm – und lässt manchen Betrachter grübeln, wer denn eigentlich wer ist. So entstand die Hanauer Legende, dass die beiden Statuen-Brüder immer zu Mitternacht ihre Plätze tauschen. Neugierige bleiben also am besten bis 0.00 Uhr in der Nähe des Denkmals und wenden sich dann direkt an die erwachenden Skulpturen.

Rockstars der Germanistik

Neben den weltbekannten Märchensammlungen haben die Brüder Grimm mit dem mehrbändigen „Deutschen Wörterbuch" einzigartige sprachwissenschaftliche Pionierarbeit geleistet. Sie gelten deshalb zu Recht als „Gründungsväter" der deutschen Philologie und Germanistik.

Ein „modernes" Keltentor

Auf dem Dünsberg bei Fellingshausen im hessischen Landkreis Gießen haben ehrenamtliche Geschichtsliebhaber ein Keltentor originalgetreu nachgebaut. Archäologische Ausgrabungen vor Ort sorgten für die benötigten Informationen. Wer sich fragt, wie lange eine so monumentale Reproduktion wohl dauern mag: Der Dünsberg-Verein schätzt die geleistete Arbeitszeit der hoch motivierten Kelten-Fans auf beachtliche 3.000 Stunden!

Keltenberg

Der Dünsberg ist Landschafts- und Kulturdenkmal in einem. Wer mehr über die spannende Geschichte erfahren möchte, stattet dem Museum KeltenKeller einen Besuch ab. Die zahlreichen Ausgrabungen am Dünsberg haben eine imposante Menge an Originalfunden zutage gefördert, die einen faszinierenden Einblick in die keltische Vergangenheit der Region geben.

„Wappenvogel“ Rotmilan

Der Rotmilan, eine Greifvogelart mit majestätischen Schwingen und Gabelschwanz, ist in Europa heimisch. Gut die Hälfte des weltweiten Bestandes brütet in Deutschland. Hessen – und dabei vor allem das UNESCO-Biosphärenreservat Rhön – ist mit rund 1.200 Paaren eine wahre Rotmilan-Hochburg. Manche nennen den Rotmilan (lat. *Milvus milvus)* gar liebevoll den „Wappenvogel“ der Rhön.

Maskottchen der Rhön

Noch bekannter als der Rotmilan ist das Rhönschaf – das sympathische Maskottchen der Rhön. Kaum zu glauben, dass das hornlose Schaf mit dem pechschwarzen Kopf noch in den 80er-Jahren vom Aussterben bedroht war. Dank des großen Engagements vieler Rhönschaf-Freunde, darunter zahlreiche Schäfer und der BUND Naturschutz, hat sich der Bestand inzwischen auf mehrere Tausend Mutterschafe erholt. 2020 konnte der unersättliche Landschaftspfleger dadurch sogar von der Roten Liste der vom Aussterben bedrohten Haustiere entfernt werden.

Streit um schwarze Schafsocken

Als Comicfigur „Rhönhilde" gelangte das Rhönschaf in die bundesweiten Schlagzeilen – wegen seiner schwarz gezeichneten Beine. Das echte Rhönschaf hat nämlich lediglich einen schwarzen Kopf, der Rest ist weiß. Ein Schäfer ärgerte sich über die falsche Beinfärbung derart, dass sich ein handfester Streit entspann. Der Zeichner erklärte schließlich augenzwinkernd, dass seine „Rhönhilde" ja nur schwarze Socken trage. Über die deutschlandweite Publicity dürften sich letztlich weder Zeichner noch Schäfer geärgert haben.

„Jedem Kind sein Rhönschaf!"

Dieses Motto hat sich das kleine Dorf Silges (nahe Hünfeld) mitten in der hessischen Rhön auf die Fahnen geschrieben. Kinder können sich hier liebevoll um Rhönschafe kümmern und ganz nebenbei viel über die Natur lernen. Die Schafe wiederum kümmern sich als altbewährte und nimmersatte Landschaftspfleger um die große örtliche Streuobstwiese. Das nachhaltige Pilotprojekt gewann 2013 den „Bürgerpreis des Deutschen Naturschutzpreises". Als i-Tüpfelchen kann man sogar die Nacht in einem Schäferwagen buchen und dabei die Sterne beobachten.

Hobbit-Haus

„Herr der Ringe“-Fans, die selbst einmal gern in einem schönen „Hobbit-Häuschen“ ganz wie im fiktiven „Auenland“ übernachten wollen, finden im Outdoor Zentrum Lahntal dessen irdische Entsprechung. Das moosbewachsene „Erdhaus“ bietet Platz für bis zu vier Tolkien-Freunde und lässt authentisches „Beutelsend-Feeling“ aufkommen. Nach entspannter Nacht im gemütlichen Holzhaus sorgen Mini-Ponys, Alpakas, Ziegen und Hühner für leuchtende Augen bei den „Nachwuchs-Hobbits“.

Milseburgtunnel

Einmal mit dem Fahrrad durch einen Eisenbahntunnel radeln? Was sich wie eine halsbrecherische Mutprobe anhört, ist in der hessischen Rhön ohne Gefahr für Leib oder Leben möglich. Ein 1.172 Meter langer Tunnel wurde hier 2003 zum Radweg umgewandelt – Beleuchtung inklusive. Auch Fußgänger können den Tunnel passieren – sofern sie nicht an Klaustrophobie leiden, versteht sich. Und in der kalten Jahreszeit dient der dann gesperrte Tunnel als Winterquartier für Fledermäuse.

Der Riese Mils

Die Milseburg verdankt ihren Namen dem „Riesen Mils", der hier – der Legende nach – den ersten Christen das Leben zur Hölle machte. Als der heilige Gangolf und seine treuen Recken den diabolischen Riesen auf seiner Felsenburg in die Enge trieben, nahm sich der Unhold selbst das Leben. Der Teufel persönlich bedeckte daraufhin den Leib seines treuen Vasallen mit Steinen. Noch heute erinnert der auch von Künstlern gern gemalte grabförmige Berg an die letzte Ruhestätte des „Riesen Mils". Das weithin sichtbare majestätische „Riesengrab" prägt das Panorama des Landstrichs und lädt trotz der düsteren Sage zum Wandern ein.

Kegelnde Riesen und Eselsbrücken

Als „Hessisches Kegelspiel" ist eine Reihe von neun kegelförmigen Vulkanbergen bekannt. Der Sage nach haben hier einst Riesen gekegelt. Für die neun Gipfel gibt es einen Merksatz: „Siehst (Soisberg) du, wie das kleine (Kleinberg) Wiesel (Wisselsberg) auf seinem lichten (Lichtberg) Rücken (Rückersberg) den Apfel (Appelsberg) über Moor (Morsberg) und Hügel (Hübelsberg) in den Stall (Stallberg) bringt?" Ganz einfach zu merken, oder?

Diabolische Ornithologie

Der Legende nach ging ein Schmied einst einen Pakt mit dem Teufel ein, um rasch zu Reichtum zu kommen. Als Gegenleistung sollte der Höllenfürst sich drei Jahre später seine Seele krallen dürfen – sofern es dem Gehörnten gelingen würde, drei Prüfungen des Schmieds zu bestehen. Der Schmied schaffte es jedoch, den Teufel bei jeder dieser Prüfungen aufs Glatteis zu führen. Als letzte Aufgabe sollte der Deibel einen Vogel identifizieren, den der Schmied ihm zeigte. Auch dies gelang dem Leibhaftigen nicht – denn bei dem Federvieh handelte es sich um die verkleidete Frau des Schmiedes. Nachdem der Teufel fluchend und ohne die erhoffte Seele verschwand, wurde der Triumph des cleveren Schmieds weithin bekannt – und die Gegend von nun an „Vogelsberg" genannt.

Fuldaer Musical-Held

Der heilige Bonifatius wurde zu einem hessischen Musical-Helden. Zum 1.250. Todestag des christlichen Missionars und Kirchenreformers fand die Premiere des Musicals „Bonifatius“ der Fuldaer Produktionsfirma Spotlight am 3. Juni 2004 in Fulda statt.

Der, der gutes Schicksal bringt

Der aus dem heutigen England stammende Bonifatius hieß bei Geburt Wynfreth. Daneben existieren auch andere Schreibweisen wie das eingedeutschte Winfried oder Wynfrith. Den Namen „Bonifatius“ bekam er erst später vom Papst verliehen. Übersetzt bedeutet er so viel wie: „Der, der gutes Schicksal bringt“.

Das Grab des Heiligen

Nach seiner Ermordung in Friesland (um 755) wurde der Heilige Bonifatius in Fulda beerdigt. Dies ließ das Kloster und später die Stadt zum Ziel von Pilgern und Wallfahrern werden. Noch heute endet die Bonifatiuswallfahrt am Fuldaer Dom.

Teures Wahrzeichen

Die Bonifatius-Statue auf dem Bonifatiusplatz ist eines der Wahrzeichen Fuldas. Hergestellt wurde die beinahe vier Meter hohe Bronzegestalt natürlich ebenfalls von einem Hessen: dem Kasseler Bildhauer Werner Henschel. Bis das teure Denkmal finanziert werden konnte, sollte jedoch noch einige Zeit vergehen – vom ersten Spendenaufruf des Bürgermeisters 1828 bis zur feierlichen Einweihung der überlebensgroßen Bronzestatue 1842 zogen 14 Jahre ins Land.

Lateinstunde

Auf dem Sockel der Bonifatius-Statue in Fulda sind die folgenden Worte zu lesen: „Verbum domini manet in aeternum." Für alle, deren Latein etwas eingerostet ist, hier die deutsche Übersetzung: „Das Wort des Herrn bleibt in Ewigkeit."

Die Gründung des Klosters Fulda

Bonifatius gilt als Gründer des Klosters Fuldas. Auf seine Anweisung hin führte der Mönch Sturmius 744 den Auftrag aus, in der Waldwildnis „Buchonia" ein Kloster zu gründen. Mit nur sieben Begleitern begann Sturmius mit dem Bau des Klosters in einer Fuldaaue. Der später um das Kloster herum entstehende Ort wurde dann „Fulda" genannt.

Klosterbrüder im Comicformat

Die Geschichte des Klosters Fulda gibt es übrigens auch als Comic: „Hatto & Co." berichtet von den tapferen Taten einer Gruppe von abenteuerlustigen Benediktinern. Immer mit dabei ist „Capriola" (lateinisch für „die Unbezähmbare"), die „altklügste Ziege nördlich der Alpen".

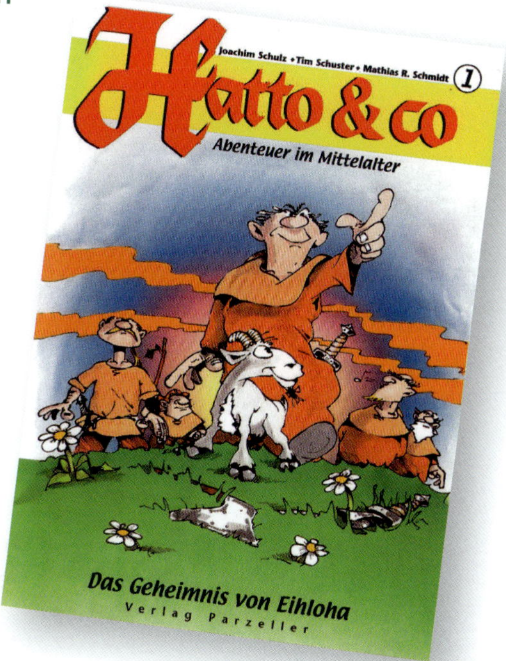

Barockes Wahrzeichen

Der Fuldaer Dom (Bauzeit 1704–1712) ist das barocke Wahrzeichen Fuldas. Auch wenn jeder nur vom „Dom" spricht, heißt die Kathedrale eigentlich „St. Salvator". Mit „Salvator mundi" (lateinisch für „Weltenretter") ist natürlich niemand anderes gemeint als Jesus Christus.

„Erbarme'! – Zu spät!"

Die Rodgau Monotones aus dem Landkreis Offenbach schufen mit dem Partykracher „Die Hesse komme" die inoffizielle Hessenhymne. Die Single vom Album „Volle Lotte" aus dem Jahr 1984 genießt noch heute Kultstatus. Für manche „wüster Krach", für andere hessische Musikkultur.

Hessen-Hymne

Die offizielle Hymne Hessens komponierte der Kasseler Musiklehrer Albrecht Brede. Das „Hessenlied" gehört zum Standardrepertoire hessischer Chöre. Zu antiquiert? Es geht auch anders: Der Hessische Rundfunk machte sich den Spaß, eine poppige Version des Lieds aufzunehmen.

Das alte Japan auf Burg Brandenstein

Ein Besuch der hochmittelalterlichen Burg Brandenstein bei Schlüchtern im Main-Kinzig-Kreis lohnt sich aus vielen Gründen. Überraschen mag vor allem die kleine, aber feine Japan-Ausstellung im Obergeschoss: Sie zeigt Exponate aus dem Leben des Japan-Forschers Philipp Franz von Siebold, dem Ururgroßvater des heutigen Burgherrn. Siebold, der auch in Japan hohes Ansehen genießt, gilt als Begründer der internationalen Japanforschung. Als Arzt, Botaniker, Naturforscher und Ethnologe lebte er viele Jahre in dem Land in Asien – und war leidenschaftlicher Sammler.

Bierhistorisches Burgbrauen

Bierbrauen mit historischen Gerätschaften – auch das ist möglich auf der Burg Brandenstein. In einem etwa fünfstündigen Seminar wird man zum waschechten Biernovizen ausgebildet. Die Reifung des Getränks in den kühlen Kellern der Burg dauert anschließend gut vier Wochen. Natürlich möchte man nach all der harten Arbeit nicht erst einen vollen Monat warten – und kostet deshalb ganz einfach schon mal das Bier einer früheren Seminargruppe.

Kaffee-Posse

Im Jahr 1766 stellte Landgraf Friedrich II. den Kaffeegenuss in seiner Landgrafschaft Hessen-Kassel unter Strafe. Er wollte so dem „landesverderblichen Unwesen" der „Volksdroge" Einhalt gebieten. Das allzu nachlässige Bürgertum sollte endlich mit der „gesundheitsschädlichen und nervenschwächenden Zeitverschwendung" aufhören! Während eine regelrechte „Kaffee-Polizei" Delinquenten mit empfindlichen Geld- oder sogar Gefängnisstrafen zu Leibe rückte, trank die Obrigkeit freilich fröhlich weiter. Der Kaffeeschmuggel blühte. Zum Teil besuchte die Bürgerschaft aber auch einfach seelenruhig die Kaffeehäuser jenseits der Landesgrenze und frönte dort ganz legal dem geliebten Heißgetränk. 1780 gab Friedrich II. schließlich entnervt auf und der Kaffee wurde offiziell wieder erlaubt.

Kaffeeschnüffler

Mitglieder der „Kaffee-Geheimpolizei“ nannte man auch „Kaffeeschnüffler“. Sie sollten den frisch gerösteten Kaffee „erriechen“ – und hatten dabei auch die Lizenz zum „Beschnüffeln“ kaffeesüchtiger Damen. Für jedes gesprengte Kaffeekränzchen gab es eine Prämie. Bei der Bevölkerung waren die „Kaffeeriecher“, die die beschlagnahmte Ware zum Teil selbst verhökerten, hoch verhasst. Ob sie wohl hin und wieder eins auf die Nase bekamen?

Ruine mit Flair

Jedes Jahr locken die Bad Hersfelder Festspiele unzählige Besucher ins „Salzburg des Nordens". Die Stiftsruine bietet dabei als größte romanische Kirchenruine der Welt eine einzigartige Kulisse. Das Gebäude wurde im Siebenjährigen Krieg (1756–1763) von Franzosen schwer in Mitleidenschaft gezogen. Danach diente die Ruine den Hersfeldern als willkommener „Steinbruch", aus dem sie sich kostenloses Baumaterial holten. Gut, dass noch etwas übrig war, als ab 1828 endlich Maßnahmen zur Erhaltung eingeleitet wurden. Sonst würde den Festspielen doch viel von ihrem Flair fehlen – oder es gäbe sie vielleicht überhaupt nicht …

Gigantischer „Regenschirm“

Besucher der Freilicht-Festspiele in Bad Hersfeld müssen sich heute nicht mehr vor Regen fürchten: Ein rund 1.500 Quadratmeter großer „Riesenschirm“ schützt sie vor Wolkenbrüchen. Knapp 23.000 Kilometer Polyestergarn waren für die Herstellung des Faltdaches nötig. Bei so viel Komfort mag der Zuschauer sich wohlig an den alten Kinderreim erinnern: „Es regnet, es regnet, was kümmert uns das? Wir sitzen im Trocknen und werden nicht nass!“ Das können die Schauspieler übrigens nicht von sich behaupten: Die Bühne hat nämlich kein Regendach. Hier schützt allenfalls die wasserabweisende Perücke …

Das Dorf, das im Moor verschwand

Um das Rote Moor in der hessischen Rhön ranken sich zahlreiche Legenden. Bei der heutigen Wüstung Mohrdorf soll sich einst eine Gruppe Nonnen, die einen Klosterschatz transportierte, unter der großen Moorlinde ausgeruht haben. Die Gottesfrauen wurden plötzlich von Bewohnern des nahen Poppenrode überfallen und ausgeraubt – und fanden im Dorfteich ein nasses Grab … Die Bestrafung folgte sofort: Die plötzlich hervorspringenden Fluten des Teiches sollen den ganzen Ort mit all seinen Einwohnern verschluckt haben.

Teufelsmoore

Manchen Sagen zufolge sollen die Rhönmoore auf den Leibhaftigen zurückgehen: Der Teufel beabsichtigte, die Täler zu überfluten, und sammelte zu diesem Zweck Wassermassen in der Rhön. Gegen den Glauben der treuen Rhöner Christen kam er jedoch nicht an. Am Ende sah er sich gezwungen zu verschwinden und ließ dabei die Moore zurück, die seine finsteren Lakaien verschluckten.

Kristallhöhle

Die Kubacher Kristallhöhle bei Weilburg ist mit 30 Metern Höhe nicht nur die höchste Schauhöhle Deutschlands, sondern auch die einzige (Calcit-)Kristallhöhle der Republik.

Tiefste Höhle

Die tiefste Höhle Hessens ist bei Breitscheid im Westerwald zu finden: Die Erdbachhöhle reicht gut 100 Meter hinab. Der namensgebende Erdbach „verschwindet" östlich des Ortes Breitscheid in einem Schluckloch und kehrt nach einem Höhlen-Aufenthalt erst etwa einen Kilometer später wieder zurück ans Tageslicht. Das Höhlensystem, dessen Gänge eine Gesamtlänge von fast zwei Kilometern haben, ist das zweitgrößte in Hessen.

Längste Höhle

Das längste Höhlensystem Hessens – und eines der einzigartigsten Deutschlands – befindet sich nur wenige Hundert Meter entfernt von der Erdbachhöhle nahe Breitscheid im Westerwald. Sein etwas holpriger Name: das Herbstlabyrinth-Adventhöhle-System. Die Gesamtganglänge der gigantischen Höhle beträgt fast 13 Kilometer! Der transparente bis milchigweiße Sinterschmuck der Tropfsteinhöhle ist märchenhaft. Das besondere Flair lässt sich schon allein anhand der Benennung von herausstechenden Höhlenteilen erahnen: „Rätselhalle", „Wolkenschlösschen", „Hohe Alp" … Ein kleiner Teil des unterirdischen Kleinods darf als Schauhöhle auch von „Normalsterblichen" betreten werden.

Kochen wie im finsteren Mittelalter

In Ronneburg in Hessen – nicht zu verwechseln mit der thüringischen Stadt – steht stolz und schon von Weitem erkennbar die namensgebende Burg. Die architektonisch interessante Höhenburg bietet etliche Anreize für einen Besuch: z. B. einen Kochkurs in der mittelalterlichen „Küchenmeisterey“. Wer Feuer und Rauch nicht scheut, lernt hier, wie rustikal und teilweise finster es in den Küchen des Mittelalters zuging. Mit etwas Glück gelingt dabei sogar ein nicht angebranntes Mahl!

Durch die Kaskadenschlucht

Die Kaskadenschlucht nahe dem Rhöner Luftkurort Gersfeld beeindruckt mit urwüchsiger Natur und schroffen Felswänden. Wer trittsicher unterwegs ist, sollte sich einen Besuch dieses osthessischen Outdoor-Juwels nicht entgehen lassen. Allein jungen Eltern sei geraten, die Schlucht besser nicht mit dem Kinderwagen zu befahren – es sei denn, sie besitzen ein offroad-taugliches Modell, das Baumwurzeln und Steine nicht scheut.

Hessisches Kultspiel

Es wird kaum einen Brettspiel-Fan geben, der „Die Siedler von Catan“ nicht kennt. Das Strategiespiel, bei dem man geschickt Ressourcen wie Lehm, Holz und Erz tauschen muss, um Straßen und Städte zu bauen, ist weltweit bekannt. „Catan“ gilt gar als das zweiterfolgreichste Brettspiel direkt nach Monopoly – und wurde von einem Hessen erfunden: Spieleautor Klaus Teuber erblickte in Rai-Breitenbach im Odenwaldkreis das Licht der Welt. Heute lebt der „Brettspiel-Papst“ bei Darmstadt.

Kreativ durch den Lockdown

Eine Familie aus Biebrich (Wiesbaden) hat ein „Corona-Brettspiel“ entwickelt: Ziel des Spiels ist es, wichtige Einkäufe für ältere Nachbarn zu erledigen. Ob Klopapier oder Gemüse – mit Strategie und Würfelglück geht es hinein in sieben Läden. Als ständige Gefahr droht dort jedoch das verhasste Virus. Botschaft des Spiels: Solidarität ist überlebenswichtig (und Vorsicht auch)!

Kopfloser Held

Der „Herkules“, die imposante Kupferstatue im Bergpark Wilhelmshöhe und Wahrzeichen der Stadt Kassel, war aufgrund von Sanierungsarbeiten jahrelang kopflos. Wer diesem „Herkules“ trotzdem Aug' in Aug' gegenübertreten wollte, konnte das im Schloss Wilhelmshöhe tun: Hier wurde Ende 2006 der abmontierte Kopf ausgestellt. Seit August 2008 erhebt die Statue wieder stolz ihr Haupt über dem Bergpark.

Der Herkules in Zahlen

Der „Herkules“ in Kassel ragt 9,20 Meter in die Höhe. Damit befindet sich sein Kopf majestätische 596 Meter über dem Meeresspiegel! Sein Haupt misst samt gelocktem Bart ganze 1,55 Meter. Ein Riesendaumen ist fast einen halben Meter lang (47 cm). Ob er wohl in die markante 25 Zentimeter lange Nase hineinpassen würde? Zu guter Letzt schlägt der große Zeh mit 35 Zentimetern zu Buche.

Ochsenrummel und Kutschencup

Seit 1846 wird in Wetzlar das „Kreistierschaufest" gefeiert. 1950 zum „Ochsenfest" umgetauft, bietet es doch weit mehr als nur Rinder. Stattdessen feiert man ausgelassen mit Rummel-Feeling, Umzügen und sogar Musikkonzerten. Die Tierschau kommt aber auch nicht zu kurz: So kann man Pferde, Kaninchen und Federvieh beobachten und Wissenswertes lernen. Actionreicher wird's beim „Ochsenfest-Kutschencup", einem rasanten Geschicklichkeits-Parcours.

Germania zum Anbeißen

Das Niederwalddenkmal oberhalb der Stadt Rüdesheim am Rhein zählt zu den bekanntesten Monumenten Deutschlands und ist Teil des UNESCO-Welterbes Oberes Mittelrheintal. Weniger bekannt dürfte sein, dass es 1893 einem Schokoladenhersteller aus Köln als Inspiration für eine zwölf Meter hohe „Miniatur-Germania" diente. Die 300 Kilo schwere „Schoko-Ikone" war Teil eines Schokoladen-Tempels für die „World's Columbian Exposition" in Chicago.

Hessische Nuss-Nougat-Creme

Wer gern eine bekannte Schokocreme zum Frühstück nascht, genießt in aller Regel ein hessisches Erzeugnis. Denn schon seit 1956 betreibt Ferrero einen deutschen Standort in Stadtallendorf – übrigens der erste überhaupt außerhalb Italiens. Damals hieß „nutella“ noch „Cremalba“. Noch heute ist das Werk eine der größten Ferrero-Betriebsstätten weltweit und produziert fast alle süßen Marken für den deutschen Markt.

Schokokuss-Fabrik im Miniaturformat

Die wahrscheinlich kleinste Schokokuss-Manufaktur der Welt befindet sich im mittelhessischen Schotten-Wingershausen. Zahlreiche Sorten werden hier auf niedlichen 30 Quadratmetern hergestellt und verkauft. Wer clever ist, nascht sich vor dem Kauf gründlich durchs Angebot – Probieren ist ausdrücklich erlaubt! Und wer einmal miterleben möchte, wie die schaumig-schokoladigen Leckerbissen hergestellt werden, kann „Schokokuss-Familie“ Keil über die Schulter schauen.

Gesund und lecker!

Wenn Hülsenfrucht-Gourmets auf hessischen Landkarten über das Wort Linsengericht stolpern, läuft ihnen sicher schon das Wasser im Munde zusammen. Der kuriose Name könnte übrigens auf ein „Lindengericht" zurückgehen, also auf ein Gericht im Schatten eines Baumes. Zu finden ist die Gemeinde im Main-Kinzig-Kreis.

„Vortrefflich und kräftig!"

„Maikäfersuppen – ein vortreffliches und kräftiges Nahrungsmittel." So lautete das sachkundige Urteil des hessischen Medizinalrats Johann Joseph Schneider, das er 1844 im „Magazin für die Staatsarzneikunde" verlauten ließ. Tatsächlich labten sich bis etwa Mitte des 20. Jahrhunderts nicht nur Hessen an dieser „Köstlichkeit". In ganz Deutschland und Frankreich wurde dem Gericht zugesprochen. Pro hungriges Maul rechnete man mit etwa drei Dutzend Maikäfern, die geröstet oder zerstoßen wurden. Wohl bekomm's …!

Teure Sitzgelegenheit

Eine Bank sorgte in Hanau für Ärger – natürlich wegen des lieben Geldes. Die „Hafenbalkon" betitelte Sitzgelegenheit kostete nämlich über 80.000 Euro. Dabei ist trotz der ausschweifenden Grundfläche des Objekts von 4,80 mal 5,50 Metern dessen Höhe einer gewöhnlichen Bank nicht unähnlich. Somit sei der Blick auf das Mainufer einem Balkon kaum ebenbürtig, schimpfen die Kritiker ob dieser Verschwendung. Verteidigt wird die Riesenbank, wenn überhaupt, mit den Worten, es handle sich eben um „Kunst".

Oldtimer mit Sirene

Wer sich für Verfolgungsjagden in alten Krimis begeistert, der findet im 1. Deutschen Polizeioldtimer-Museum Marburg eine einmalige Sammlung alter Fahrzeuge. Zusammengetragen vom Polizei Motorsport Club Marburg 1990 e. V. ist die Oldie-Kollektion eine der größten Deutschlands. Formen und Farben mögen dabei aus heutiger Sicht zum Teil gewagt erscheinen. Aber gerade das macht ja den Charme aus. Und wer hat schon einmal einen echten Polizei-Schwimmwagen gesehen?

Wen stört's?

Die erste deutsche Kaviarmanufaktur befindet sich in Fulda. Wegen der hohen Güte des Fuldaer Wassers gilt der hessische Kaviar unter Kennern als besonders mild. Seit fast 20 Jahren werden in Fulda Störe gezüchtet, um Kaviar zu gewinnen. Der Stör hat seinen Look übrigens seit ungefähr 200 Millionen Jahren kaum verändert. Damit gehört er zu den ältesten tierischen Bewohnern des Planeten.

Milch und Eier aus dem Automaten

Wer es statt Zigaretten gesünder mag, kann sich in Hessen Milch, Eier, Käse und Co. aus dem Automaten ziehen. Die „Regiomaten" erfreuen sich wachsender Beliebtheit und locken zu jeder Tageszeit mit leckerer regionaler Ware. Das hat schon manchen vor dem Verhungern gerettet …

Zwei Euro mit Gruß aus Frankfurt

In der „Bundesländer-Serie" der Zwei-Euro-Münze ist Hessen mit der Frankfurter Paulskirche vertreten. Von dieser speziellen Münze sind 30 Millionen im Umlauf.

Geschütztes geografisches Grün

Die „Frankfurter Grie Soß“ ist seit 2016 ein Produkt mit geschützter geografischer Angabe (g.g.A.). Ein Sieg über alle Soßenpanscher! Das Original enthält übrigens die folgenden sieben Kräuter: Borretsch, Kerbel, Kresse, Petersilie, Pimpernell, Sauerampfer und Schnittlauch.

Praline aus Hessen

Ein Konditormeister aus Zierenberg in der Nähe von Kassel beweist, dass Gegensätze sich nicht nur anziehen, sondern auch wirklich gut schmecken können: Vollmilchschokolade mit traditioneller nordhessischer „Ahler Worscht“ – aus der ursprünglichen Schnapsidee wurde ein Verkaufsrenner! Ob diese verrückte Praline und andere Kreationen wohl auch Nicht-Hessen schmecken? Einfach mal ausprobieren.

Ahle Worscht?

Die „Ahle Worscht" ist eine kaltgeräucherte und luftgetrocknete Rohwurst. Der Name der salami-ähnlichen nordhessischen Spezialität bedeutet einfach „Alte Wurst". Warum alt? Weil eine echte „Ahle" vor dem Genuss nun einmal sehr lang reifen muss – und das schmeckt man dann auch. Die „Ahle Worscht" kann einen weißen Edelschimmel ansetzen, den man aber unter lauwarmem Wasser einfach abwaschen kann. Zur Not muss die Bürste ran! Sollte auf der Wurst jedoch schwarzer Schimmel wuchern oder sie sich gar grünlich färben, hilft leider auch kein Schönheitsbad mehr. Dann sollte man sie schnellstens entsorgen. Profitipp aus Hessen: Am besten einfach nicht zu lange warten und gleich zubeißen!

Berliner Kasseler?

Dass das Kasseler, eine gepökelte Schweinefleisch-Spezialität, aus dem hessischen Kassel stammt, lässt sich nicht belegen. Theorien zufolge könnte der Name auf den Begriff „Kasserolle" oder einen Berliner Fleischermeister mit Namen Cassel zurückgehen. Da hat der „Hamburger" die Nase vorn …

Eiscreme satt

Im südhessischen Heppenheim steht eines der größten Eiscreme-Werke Europas. Im Jahr werden hier mehr als 1,5 Milliarden Portionen Eiscreme produziert. Genug Nachschub für alle Eisfreunde also – und das weit über Hessen hinaus! Das beliebteste hier hergestellte Produkt ist übrigens das bekannte „Magnum"-Eis.

Rhöner Apfelsherry

„Apfelsherry" – ja gibt's denn das? Im „krenzers rhön" in Ehrenberg-Seiferts wird diese Trinkspezialität seit vielen Jahren hergestellt. Der leckere Dessertwein aus Äpfeln von ökologisch wertvollen Rhöner Streuobstwiesen reift mindestens drei Jahre im Keller. Die alten „längst vergessenen" Rhöner Apfelsorten verhelfen auch anderen geistvollen „Krenzer"-Getränken zu ihrem urigen Geschmack. Wer sich nach einer ausgiebigen Verkostung nicht mehr ans Steuer traut, übernachtet ganz einfach vor Ort im „Rhönschaf-Hotel".

Prosit!

Henkell-Sekt kennt fast jeder. Und wieder haben wir es mit einem hessischen Original zu tun, denn der Sitz der weltberühmten Sektkellerei ist in Wiesbaden. Wer sich gern mal ein 200.000-Liter-Fass anschauen und danach leicht angesäuselt durch einen Rokoko-Marmorsaal schlendern möchte, sollte „Henkell" einen Besuch abstatten.

Hessische Vorzeigefamilie

„Die Hesselbachs" waren so etwas wie die „Ur-Familie" des deutschen Hörfunks und Fernsehens. Besonders die TV-Version fegte mit Traumquoten jenseits der 90 Prozent regelrecht die Straßen leer, wenn die fiktive Familie auf der Mattscheibe erschien. Produziert wurden die „Hesselbachs" vom Hessischen Rundfunk.

Ebbelwoi-Babbler

Ein Hit des Hessischen Rundfunks war die Unterhaltungssendung „Zum Blauen Bock". Vor allem Moderator Heinz Schenk ist es zu verdanken, dass die hessische Apfelwein-Trinkkultur bundesweit Nachahmer fand. Dabei kam das schlagfertige „hessische Schlappmaul" gar nicht aus Hessen. Der legendäre „Ebbelwoi-Babbler" war eigentlich gebürtiger Mainzer.

Deutscher Bowie

An den unvergessenen Exporteur hessischen Humors erinnert eine Zeile aus dem Gassenhauer „Die Hesse komme". Zitat: „Unser David Bowie heißt Heinz Schenk!"

Dagobertshausen

Zwar gibt es in Hessen kein „Entenhausen", doch immerhin Dagobertshausen. Der Name des Marburger Stadtteils geht allerdings nicht auf die bekannte Ente „Dagobert Duck" zurück, sondern vermutlich auf den fränkischen Merowinger-König Dagobert I.

Jugendstilstadt

Darmstadt wird von Kunstfreunden auch liebevoll „Jugendstilstadt" genannt. Interessierte finden vor Ort zahlreiche Höhepunkt des deutschen Jugendstils: Insbesondere die Mathildenhöhe und die Rosenhöhe lassen die Herzen von Kunstliebhabern aufgehen.

Bierlabyrinth

Wer ob all der Kunst Durst bekommt, labt sich an der folgenden Anekdote: Unter der Darmstädter Mathildenhöhe befand sich einst ein wahres „Bierlabyrinth“. Denn das beliebte Getränk blieb hier, sehr zur Freude der bierdurstigen Bevölkerung, konstant kühl – und das ganz ohne Strom.

„Aua!“

Aua – so heißt ein Ortsteil der osthessischen Gemeinde Neuenstein. Der geistreich betitelte Ort liegt im Geistal – ein echter Knüller im Knüllgebirge.

Vogelpopo?

Wer als Ortsfremder den Begriff „Falken-Gesäß“ hört, denkt möglicherweise zunächst an das Sitzfleisch eines stolzen Vogeltiers. Tatsächlich ist hingegen von einem Stadtteil des südhessischen Oberzents (Odenwaldkreis) die Rede.

Die Spielbank als Muse

Was hat Wiesbaden mit russischer Weltliteratur zu tun? Die altehrwürdige „Spielbank Wiesbaden" lockte den genialen Schriftsteller (und Spieler!) Fjodor M. Dostojewski mehrfach in die hessische Landeshauptstadt. Hier gewann er – und verlor viel. Viele vermuten, dass sein teils autobiografischer Roman „Der Spieler" von ebendiesem Wiesbadener Wechselbad der Gefühle inspiriert sein könnte.

Der „King" in Bad Nauheim

Von 1958 bis 1960 lebte niemand Geringeres als der „King of Rock 'n' Roll" persönlich in Bad Nauheim im hessischen Wetteraukreis. Denn Elvis Presley war in der amerikanischen Kaserne des benachbarten Friedbergs als Wehrdienstleistender stationiert. Die Nächte verbrachte er hingegen gediegen in Bad Nauheim. Ein Denkmal und ein nach ihm benannter Platz erinnern an den prominenten Gast. Außerdem gibt es in Bad Nauheim eine besondere Fußgängerampel, die eine Elvis-Figur zeigt – natürlich samt Gitarre.

Burgtor mit Rockgeschichte

Das Bad Nauheimer Burgtor schrieb dank Elvis Presley sogar Musikgeschichte: Es befindet sich auf dem Cover seiner Single „A Big Hunk o' Love" von 1959. Im Vordergrund steht der „King", ganz cool in schneidiger Uniform.

Elvis lebt – auf diesem Festival

Wenn Cadillacs durch Bad Nauheim brausen, ein Lookalike (Doppelgänger) des „King" locker durch die Gegend schlendert und Elvis-Coverbands ertönen, ist wohl gerade das „European Elvis Festival" in vollem Gange. Die Sause, die immer in der Zeit um Presleys Todestag (16. August) stattfindet, lockt Besucher aus aller Welt an, die sich mit Staunen Elvis' „European Home" anschauen. Also schnell die Elvis-Tolle richten und rein ins Getümmel!

Hessisches Liebesglück

In Bad Nauheim bleibt Elvis' Aufenthalt Ende der 50er-Jahre bis heute unvergessen. Doch auch für den „King" war seine Zeit vor Ort von nachhaltiger Bedeutsamkeit: Im September 1959 lernte er auf einer seiner Hauspartys in der Goethestraße eine gewisse Priscilla Beaulieu kennen – die er später heiraten sollte.

„If I should go, forget me never", Friedberg!

Einen Elvis-Presley-Platz gibt es übrigens nicht nur in Bad Nauheim, sondern auch im hessischen Friedberg. Auch hier zeigen die Ampeln den „King": bei „Rot" am Mikro stehend, bei „Grün" die Hüften schwingend. Denn auch wenn sich der Großteil des Elvis-Kults im benachbarten Bad Nauheim abspielt – stationiert war der „King" nun einmal in Friedberg.

Pausenkatzen

„Pausenkatzen" ist der Name eines Pausenfüller-Kurzfilms des Hessischen Rundfunks. Die putzmunteren Jungmiezen, die durch die Buchstaben „h" und „r" des Senderlogos klettern, stammen aus einem Frankfurter Tierheim. Da sie sonst eingeschläfert worden wären, nahm sich ein Bühnenbildner des hr der knuffigen Jungtiere an. Seine Tochter, damals Kulturredakteurin, drehte daraufhin den Katzenkultfilm. Die Begeisterung der Zuschauer war so groß, dass alle TV-Waisenkätzchen anschließend rasch ein Zuhause fanden.

Tierfreundliche Vermittlung

Der Erfolg und die glückliche Vermittlung der „Pausenkatzen“, die einst als Pausenfüller TV-Zuschauer begeisterten, inspirierte den Sender hr zum Programm „Herrchen gesucht“. In der 33 Jahre, von 1975 bis 2008, laufenden Sendereihe wurden insbesondere schwer vermittelbare Tiere vorgestellt, die ein liebevolles Zuhause suchten.

Onkel Otto

Seit 1958 ist „Onkel Otto“ das Maskottchen des Hessischen Rundfunks. Was ein Seehund mit dem hr zu tun hat? Nun, es ist eben ein *Fernseh*hund! Das zunächst namenlose Robbentier verdankt seinen ominösen Rufnamen „Onkel Otto“ übrigens seinen Zuschauern. „Otto“ ist sozusagen das hessische Pendant zur legendären Seehund-Dame „Antje“, dem langjährigen Maskottchen des NDR.

Wetterfest

Wie kam es eigentlich dazu, dass der „Ebbelwoi“ gerade in Hessen so beliebt ist? Im 15. Jahrhundert wurde es den Weinreben hier einfach zu kalt: Eine harsche Klimaveränderung, die auch als „kleine Eiszeit“ bekannt ist, sorgte für schlechte oder gänzlich ausfallende Weinernten. Findige Hessen pflanzten daher wetterfeste Apfelbäume. Der Rest ist goldgelbe Geschichte. Heute ist der „Ebbelwoi“ in Hessen Kult – aber für Neulinge ein eher säuerliches Erlebnis.

Wo's Kränzchen hängt …

Die hessische Apfelwein-Begeisterung zog einige sonderbare Gesetze nach sich: Wer Apfelwein anbieten wollte, musste etwa ab 1836 ein Kränzchen mit Fichtenzweigen gut sichtbar am Haus anbringen. So verbreitete sich rasch der Spruch: „Wo's Kränzchen hängt, wird Ebbelwoi heut' ausgeschenkt."

Geografisch geschützter Genuss

„Hessischer Apfelwein" ist eine geschützte geografische Angabe. Um sich so nennen zu dürfen, muss der „Ebbelwoi" also in Hessen hergestellt und abgefüllt werden. Die Äpfel dürfen hingegen auch aus anderen (Bundes-)Ländern stammen. Heute sind etwa 50 Prozent aller Äpfel, die für den Hessischen Apfelwein verwendet werden, solche „Import-Touristen". Der „Äppler" zeigt sich weltoffen.

„Ersatztrunk“

Dass der Apfelwein von vielen zunächst als schnödes Ersatzgetränk für „echten“ Wein angesehen wurde, ist noch immer anhand mancher regionaler Bezeichnungen erkennbar. So wird das „Stöffche“ z.B. an der Mosel und in der Eifel „Viez“ genannt, was auf das lateinische „vice“ zurückgeht. Ersatz also, zweite Wahl. Wer in Hessen einen Apfelwein bestellt, sollte sich indes hüten, von einem „Ersatzwein“ zu sprechen …

Mischen impossible!

Selbst kelternde Apfelweinwirte mit Berufsehre rümpfen die Nase, wenn es ein Kunde wagt, „süßgespritzten Ebbelwoi“ zu bestellen. Wer als Gast darauf besteht, diesen „Kulturfrevel“ zu begehen, bekommt zwei Gläser: einmal den guten Wein und dazu eine Limo. Mischen darf der Kulturbanause dann bitte selbst – am besten, nachdem sich der Kellner weggedreht hat.

Das „Beschisserglas“

Die traditionelle Glasgröße für „Ebbelwoi“ beträgt 0,3 Liter. Das ebenfalls verbreitete 0,25-Liter-Glas hat deshalb auch den Schandnamen „Beschisserglas“ bekommen. Argwöhnische Apfelweinfreunde vermuten hier nämlich, nicht immer zu Unrecht, weniger Wein zum gleichen Preis ausgeschenkt zu bekommen.

Schobbepetzer

Der traditionsbewusste Apfelweintrinker nennt sein geliebtes Getränk meist einfach „Schoppen“ oder „Schobbe“. So erklärt sich auch der Spitzname, mit dem Trinkfreudige bedacht werden: „Schobbepetzer.“

Feingerippt

Die rautenförmige Struktur des Apfelweinglases hat diesem zu seinem Namen verholfen: Geripptes. Wie es dazu kam, dass das Glas dieses ungewöhnliche Außenmuster hat? Früher wurde gern zünftig mit der Hand gegessen. Die gerippte Struktur stellte sicher, dass einem das Glas auch mit fettigen Fingern – und nach ausgeprägtem Weingenuss – nicht einfach aus der Hand rutschte. Eine weitere Erklärung: Die geometrischen Muster sorgen für eine Lichtbrechung, die den oft eher trüben „Ebbelwoi“ heller und glänzender erscheinen lässt. Schließlich trinkt das Auge mit!

Kulturerbe?

Der „Ebbelwoi“ soll UNESCO-Kulturerbe werden! Zumindest nach dem Willen des Vereins Apfelwein Centrum Hessen. Dieser stellte den Antrag und hofft auf eine Aufnahme der typischen hessischen Apfelweinkultur in das Verzeichnis des Immateriellen Kulturerbes. Das Kultgetränk sei schließlich der Inbegriff hessischer Lebensart. Denn egal ob in der Herstellung, im Ausschank oder auf zahlreichen Festen – der „Apfelweinkult“ ist und bleibt in Hessen quicklebendig.

Kaltwetter-Variante

Auch wenn der „Ebbelwoi“ im Sommer sicher am besten schmeckt, gibt es auch eine warme Variante für die Winterzeit. Hierbei wird der Apfelwein vorsichtig erhitzt und mit Zimt, Nelken, einer Zitronenscheibe und nach Belieben etwas Zucker verfeinert. Dieser „Apfel-Glühwein“ ist übrigens auch als Hausmittel gegen Erkältungen beliebt – eine leckere Alternative zum Hustensaft.

Besser spät als nie

Erst 2018 wurde die Todesstrafe in Hessen abgeschafft. Natürlich ist eine solche Bestrafung laut Grundgesetz bereits seit 1949 in ganz Deutschland – und damit auch in Hessen – Vergangenheit. Schließlich gilt: Bundesrecht bricht Landesrecht. In der Hessischen Verfassung hielt sich die Todesstrafe jedoch noch bis Ende 2018. Bei der Verfassungsreform stimmten 83,2 Prozent für die „symbolische" Entfernung der Todesstrafe. Man munkelt, diejenigen, die für den Verbleib gestimmt haben, seien zornige Apfelweinwirte, die ihre Kunden beim Mischen des Weins mit Limo erwischt haben …

Eine Extraportion Fußballspannung – made in Hessen?

Wenn selbst Fußballmuffel und WM-Mitläufer plötzlich das Handy aus der Hand legen und gebannt auf die Mattscheibe schauen, hat meist gerade das Elfmeterschießen angefangen. Als Erfinder dieser nervenaufreibenden Praxis gilt der hessische Schiedsrichter Karl Wald. Ihm war das Auslosen zu fad, sodass er nach einer sportlicheren Lösung suchte. Auch wenn Wald als Erfinder nicht unumstritten ist, tut der hessische Fußballfreund derlei konträre Ansichten mit einem lässigen Lächeln ab.

Abheben

Groß, größer, am größten ...! Die größte Großschanze der Welt steht nahe der nordhessischen Gemeinde Willingen beim Ortsteil Stryck. Die imposante Skisprungschanze der Kategorie „K 130" lädt im Winter zum Weltcupspringen ein, wartet aber auch im Sommer mit Veranstaltungen wie Open-Air-Konzerten auf.

Weltnaturerbe-Grube

Die Grube Messel bei Darmstadt ist eine große stillgelegte Ölschiefer-Tagebauanlage – und Fundgrube unzähliger sehr gut erhaltener Fossilien. 1995 wurde sie in die Welterbeliste der UNESCO aufgenommen – als erstes Weltnaturerbe überhaupt in ganz Deutschland. Viele seltene Funde kann man im Frankfurter Senckenberg Museum bewundern.

Uralter Hesse

In jener südhessischen Grube Messel wurde ein 47 Millionen Jahre altes hessisches Original entdeckt: Das Fossil einer Ur-Python ist damit das älteste bekannte Fundstück dieser Art – und beweist, dass diese Gattung sich schon in grauer Vorzeit auch in Hessen heimisch fühlte.

Mongolei in Osthessen

Auf dem „Zintlhof" im osthessischen Eiterfeld-Leibolz begrüßen mongolische Kamele die Besucher. Die „wetterfesten" Tiere sind auch auf dem weihnachtlichen Hoffest der Hingucker. So mag sich mancher Glühweingenießer nach dem fünften Glas verdutzt die Augen reiben, wenn eine Kamelgruppe mit Weihnachtsmannmützen cool vorbeischlendert.

Kratzputz!

Der hessische Kratzputz ist bisher die einzige hessische Tradition, die es in das Bundesweite Verzeichnis des Immateriellen Kulturerbes geschafft hat. Der Begriff „Kratzputz" hat dabei nichts mit dem „Krampus" zu tun, sondern beschreibt eine kunstvolle Verputztechnik: Mit verschiedenen Werkzeugen wird der Putz aufgekratzt und dann mit oft ornamentalen Reliefmotiven verziert.

Eingekesselt

Das hessische Tann erinnert, auf der Karte betrachtet, an einen Pilz, der seinen Kopf gen Thüringen reckt. Diese geografische Besonderheit führte dazu, dass die innerdeutsche Grenze Tann beinahe umschloss. Lediglich die südwestliche Seite war „offen". Eine Ausstellung erinnert noch heute an diese gar nicht so ferne Zeit des im Kalten Krieg nahezu eingekesselten Tann.

Die „Lücke" von Fulda

Als „Fulda Gap" wurde im Kalten Krieg das Gebiet bei Fulda nahe der innerdeutschen Grenze bezeichnet. Ein 1977 in den USA erschienenes strategisches Brettspiel wurde nach diesem Begriff der US-Streitkräfte „Fulda Gap" benannt.

Schewenborn

In der Region des „Fulda Gaps", also des grenznahen Gebiets bei Fulda, spielt Gudrun Pausewangs 1983 erschienener Roman „Die letzten Kinder von Schewenborn oder … sieht so unsere Zukunft aus?". Schewenborn gibt es zwar nicht, es ist jedoch an das osthessische Schlitz angelehnt, in dem die Autorin damals gelebt hat. Fulda ergeht es in dem Roman übrigens schlecht: Es wird von einer Atombombe ausradiert.

Tabak aus Hessen

Nur wenige Uneingeweihte würden am Oberrhein eine Hochburg des Tabakanbaus und der Zigarrenverarbeitung vermuten. Die Städte Lorsch und Hatzenbühl schicken sich an, dies zu ändern, und engagieren sich für eine Aufnahme in das Bundesweite Verzeichnis des Immateriellen Kulturerbes. Zahlreiche Museen mit Ausstellungen und Seminaren beweisen den immensen Einfluss der Tabakindustrie auf die Region.

Bekannt wie ein bunter Löwe

Das hessische und das thüringische Landeswappen haben dasselbe tierische Vorbild: Beide gehen auf den „Bunten Löwen“ zurück, der bereits seit dem frühen 13. Jahrhundert als gestreiftes Wappentier unterwegs ist. Die heraldische Großkatze war Wappenlöwe der Ludowinger, die im mittelalterlichen Thüringen und Hessen herrschten.

Grusel in Oppenheim

Das rheinhessische Oppenheim hält eine morbide Mutprobe für Unerschrockene bereit: Im Keller der Katharinenkirche befinden sich die sterblichen Überreste unzähliger Menschen, die hier über viele Jahrhunderte eingelagert worden sind, da der Platz auf dem Friedhof zu eng wurde. Durch eine Eisengittertür „starren" einen die Totenschädel an. Zwar ist das Beinhaus für gewöhnlich geschlossen, seltene Führungen ins Innere sorgen aber für noch abgründigere Anblicke.

Der Beerfelder Galgen

Im Odenwald steht einer der am besten erhaltenen Galgen Deutschlands, vielleicht sogar Europas. Auf einem Hügel bei Beerfelden befindet sich das aus drei Säulen bestehende Hinrichtungsinstrument. Immerhin hatten die Unglücklichen so noch eine schöne Aussicht, bevor es zu Ende ging, mag der Unbedarfte denken. Tatsächlich war das beeindruckende Panorama als Verschärfung der Strafe gedacht. Der Verurteilte sollte noch einmal sehen, welch irdische Schönheit er nun verlassen musste. Dem heutigen Betrachter mag es immer noch kalt den Rücken herunterlaufen, wenn er über all dies nachdenkt …

Todeskult in Kassel

Das Museum für Sepulkral-Kultur in Kassel widmet sich ganz dem Sterben und allem, was danach geschieht. Wer eine Portion „Memento mori" wegstecken kann, wagt einen Besuch. Den hat auch bislang jeder überlebt.

Heinrich der Knochenmann

In der Odenwald-Gemeinde Fürth geisterte im Sommer 2020 ein Plastikskelett durch die sozialen Medien. In unterschiedlichen Verkleidungen sorgte Knochenmann „Heinrich" zunächst für viel Aufruhr und Amüsement in der Stadt – und wurde bundesweit zum Thema. Doch dann wurde er entführt! Ein Erpresserbrief forderte 1.000 Euro Lösegeld, das für die Sanierung einer Kita gespendet werden sollte. Viele Bürger beteiligten sich an der Lösegeld-Aktion – und am Ende wurden es sogar 2.000 Euro. Die „Entführer" warfen daraufhin das Skelett mit einem Fallschirm ab. Seit seiner Rettung wird „Heinrich" im Wildtierpark Erlenbach ausgestellt.

Wer steckte hinter der Entführung?

Zwei Cousins aus Krumbach fanden ein Plastikskelett auf dem heimischen Dachboden und machten sich einen Spaß daraus, es an öffentlichen Orten in Szene zu setzen. Als „Heinrich" benannt, schaffte das Skelett es daraufhin bis in die überregionalen Medien und es reifte die Idee einer „Entführung", um die Popularität des Gags für einen guten Zweck zu nutzen. Der Bürgermeister von Fürth zeigte sich begeistert von so viel Kreativität und Witz – und störte sich kein bisschen am medialen Rummel. Der krude „Krumbach-Krimi" dürfte noch für längere Zeit für Gesprächsstoff vor Ort sorgen. Ein echter südhessischer „Tatort", mit einer Leiche, die keine ist.

Ein halbes Jahrhundert „Hessen-Tatort"

2020 feierte der „Hessen-Tatort" sein 50. Jubiläum. Insgesamt zwölf verschiedene Kommissare haben in dieser Zeit ermittelt – und ein Ende ist nicht in Sicht.

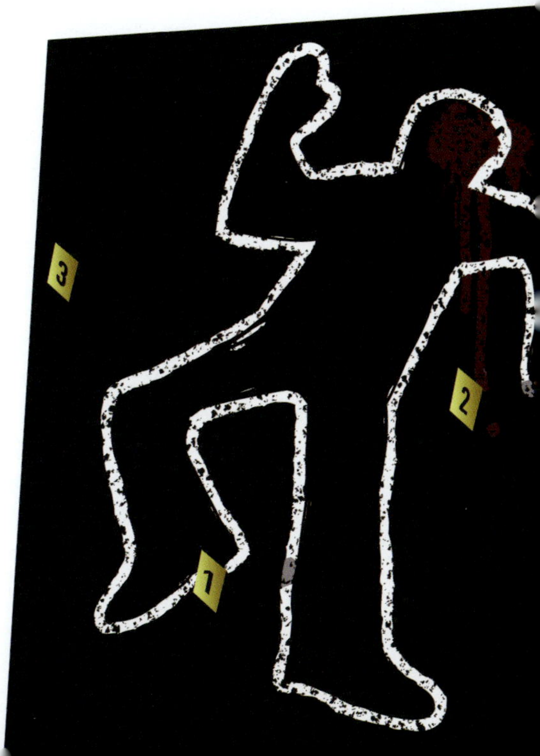

Stinkende Titanin

Im Frankfurter Palmengarten blüht die größte Blume der Welt. Der „Duft" der bis zu drei Meter hohen Titanenwurz ist allerdings alles andere als „blumig" zu nennen und riecht nach Aas. In ihrer eigentlichen Heimat, der Insel Sumatra, lockt sie damit hungrige Insekten an. In Frankfurt eher neugierige Pflanzenfreunde, die sich das Schauspiel trotz des Gestanks nicht entgehen lassen wollen. Denn das titanische Gewächs blüht immer nur für ein bis zwei Tage.

Fragwürdiger Name

Der lateinische Name der Titanenwurz lautet *Amorphophallus titanum*. Übersetzt bedeutet dies etwa „unförmiger Riesenpenis". Wer die bizarre Pflanze einmal selbst in Augenschein genommen hat, erahnt, was die Benenner geritten haben mag.

Riesenwurst

Im Jahr 1968 sorgte viel heiße Luft für Aufregung auf der „documenta": Der Künstler Christo, der Jahrzehnte später den Reichstag verhüllen sollte, realisierte in Kassel seine Vision eines riesigen, nur mit Luft gefüllten Gebildes. Das von vielen Betrachtern höhnisch als „Wurst" betitelte Kunstwerk platzte beim Aufpumpen jedoch ganze drei Mal – bis es schlussendlich in den Himmel ragte. Das Kunstobjekt musste übrigens zuvor hochoffiziell als „stationäres Luftfahrzeug" registriert werden. Typisch deutscher Bürokratiewahnsinn.

Hessens höchster Wolkenkratzer

Der höchste Wolkenkratzer Hessens, Deutschlands und der EU steht in der Innenstadt von Frankfurt am Main. Der Commerzbank Tower ist 259 Meter hoch und besitzt stolze 65 Stockwerke. Zählt man die Antenne mit, kratzt der Turm sogar an der 300-Meter-Marke.

Das „Wunder von Hanau“

Im Kurpark Hanau-Wilhelmsbad gibt es das älteste noch erhaltene feststehende Karussell der Welt. Erbprinz Wilhelm IX. von Hessen-Kassel hatte im Jahr 1779 seinen Architekten Franz Ludwig von Cancrin beauftragt, das Bauwerk auf einem künstlichen Hügel zu errichten. 1780 avancierte das „Wunder von Hanau“ zur Hauptattraktion der Kuranlage. Nach einer turbulenten Geschichte mit zahlreichen Beschädigungen wurde das legendäre Karussell nach umfangreichen Restaurationsarbeiten 2016 wieder in Betrieb genommen. Nun drehen sich Pferde und Kutschen wieder – ganz wie in alter Zeit.

Zwei Kreuzer pro Umdrehung

Bei seiner Eröffnung 1779/80 kostete eine Fahrt auf dem Karussell im Staatspark Wilhelmsbad 24 Kreuzer. Genau zwölf Runden lang durfte man dafür im Kreis fahren. Ob man so die erheblichen Kosten der Errichtung wieder reinholen konnte? Diese waren nämlich von ursprünglich geplanten 400 Gulden auf fast 1.500 Gulden explodiert! Für damalige Verhältnisse eine riesige Summe.

Gewichtiges Museum

Von der Antike bis heute: Im Pfunds-Museum im Malerdorf Kleinsassen an der Milseburg kann man 5.000 Jahre Mess- und Wiegegeschichte bewundern. Auf kleinem Raum befindet sich hier eine gewichtige Sammlung vieler Tausend Waagen und Gewichte aus aller Welt. Wer „waagt“, gewinnt!

Große Kunst in Kleinsassen

Kleinsassen mag nur rund 500 Einwohner haben, doch Kunstinteressierte sollten den beschaulichen Ortsteil der Gemeinde Hofbieber nicht unterschätzen: Wer schon immer mal wissen wollte, wie man Skulpturen herstellt, Papier schöpft oder Silber schmiedet, findet in der Kunststation Kleinsassen den passenden Workshop. Und wer sich Kunst lieber anschaut, statt selbst tätig zu werden, genießt einfach die wechselnden Ausstellungen.

Malerdorf

Kleinsassen trägt nicht umsonst den Beinamen Malerdorf. Etwa seit den 1850er-Jahren kamen Maler aus allen wichtigen Akademiestädten Deutschlands nach Kleinsassen, um hier die einzigartige Natur zu studieren. Einmal im Jahr im August lädt das Malerdorf zur Kunstwoche ein – und zieht damit Tausende von Besuchern in die hessische Rhön.

Das Wirtshaus im Spessart

Das legendäre „Wirtshaus im Spessart" kennen viele aus Wilhelm Hauffs „Märchen-Almanach" und Kurt Hoffmanns Filmklassiker aus dem Jahr 1958. Ein reales Vorbild der berüchtigten Waldgaststätte kann heute nicht mehr ermittelt werden. Befand es sich im bayerischen oder hessischen Teil des Spessarts? Fest steht: Die dunklen hessischen Wälder waren idealer Schauplatz für einen Räuberüberfall.

Hessisches Atlantis

Unter den Fluten des Edersees, einem der größten Stauseen Deutschlands, liegen die Überreste des einstigen Dorfes Berich. Nach dem Bau der Edertalsperre versank es im Jahr 1914. Die Überbleibsel von Berich locken heute Taucher an, die gern einmal einen Blick auf das „hessische Atlantis" werfen wollen. Neben Berich sind auch die Dörfer Asel und Bringhausen unter dem Wasser begraben.

Unterwasserfriedhof

Vor der Überflutung von Berich 1914 versah man die Gräber des Friedhofs mit Betondecken – und machte sie so „wasserdicht“. Bei niedrigem Wasserstand erheben sich diese „Betongräber“ aus dem See. Der kahle Friedhof ist ein gruseliger Anblick.

Kasseler „Berge“

Wer bei den Kasseler „Bergen“ ein montanes Naturschauspiel erwartet, irrt. Gemeint sind vielmehr die Anstiege und Gefälle auf der A 7 von Göttingen über Kassel bis hin zum Kirchheimer Dreieck. Kraftfahrer haben für diese teils heftigen Steigungen besonders im Winter wenig warme Worte übrig …

Mit Drahtseil und Zahnstange

Die Nerobergbahn in Wiesbaden ist die letzte ihrer Art in Deutschland. Das technische Kulturdenkmal bietet einen tollen Blick auf die hessische Landeshauptstadt und wird jedes Jahr von mehr als einer Viertelmillion Passagieren genutzt. Der allergrößte Teil davon – was wenig verwundert – sind Touristen.

Eheschließung mal anders

Wohl die Berg- und Talfahrt einer Ehe symbolisierend, können sich Verliebte inzwischen auch in der Nerobergbahn in Wiesbaden trauen lassen. Da die Fahrt für die Zeremonie zu kurz wäre, wird unterwegs auf die Bremse gedrückt. Ein bisschen Zeit muss sein.

Goethe-Tischbein

Johann Heinrich Wilhelm Tischbein (1751–1829) aus der hessischen Malerfamilie Tischbein begleitete Johann Wolfgang von Goethe auf dessen Italienreise 1786/87 und schuf das berühmte Gemälde „Goethe in der Campagna". So kam der Maler zu seinem Spitznamen „Goethe-Tischbein". Das Bild kann man im Frankfurter Städel bewundern – und vielleicht das Fernweh nachempfinden, das es schon damals in vielen Betrachtern ausgelöst hat.

Hessische Vokabeln

Wer neu in Hessen lebt, darf sich über die augenzwinkernde Bezeichnung „Oigeplackter" (auch „Ei(n)geplackter", hochdeutsch: Zugezogener) nicht wundern. Wer es dennoch übel nimmt, könnte nämlich rasch eine „beleidischd Lebberworscht" genannt werden.

Zigarettenreste sammelt der Hesse traditionell im „Aaascheebescheer".

Schlaumeier und Erbsenzähler „benamst" man „Spitzklicker", ein Tollpatsch ist ein „Dabbes". Und wessen Sauberkeit infrage steht, den nennt man „Dregwatz".

Die Partnerin nennt der Hesse auch liebevoll „Zuggerschneggsche" und gibt dem „Schnuggelsche" danach einen dicken Schmatzer auf die „Schnuuud". Romantiker haben natürlich einen „Blümmelscher" dabei – einen kleinen Blumenstrauß.

Hat sich eine Sache erledigt, so ist für den Hessen eines klar: „Der Käs' iss gesse!" Ob die Redewendung wohl auf den geliebten Handkäse zurückzuführen ist? Darüber ließe sich sicher diskutieren, ähm, „disbediern".

„Eihorrschemaa!", ruft der Hesse, wenn's ihm reicht. Hochdeutsch etwa: „Jetzt hören Sie mal!" Ein lautes „Hammersbald?" heißt hingegen so viel wie: „Haben wir's bald?" Wer „Knaadsch", also Streitereien, vermeiden will, sucht besser rasch das Weite – aber „zaggisch"!

Chronisch unzuverlässige Personen werden naserümpfend als „Schlappefligger" bezeichnet. Ein Schwätzer ist ein „Schlappmaul" oder „Schlääachtschwetzer".

Doch „Momendemal!" – nicht alle hessischen Vokabeln sind derb. So bezeichnet der mondäne Hesse den Bürgersteig in fast perfekter französischer Aussprache auch als „Trottwaa".

Struwwelpeter

Nach so viel Mundart wundert's auch nicht, dass der „Struwwelpeter" – schon dem Klang seines Namens nach – eine hessische Erfindung ist. Dem Frankfurter Arzt und Psychiater Heinrich Hoffmann gelang es mit dem 1845 erstmals gedruckten Klassiker der „Schwarzen Pädagogik", Generationen von Kindern zu traumatisieren.

Hessischer Ratespaß

Im „Hessenquiz" konnten sich Ratefüchse und Hessenkenner wöchentlich am Sonntagabend beweisen. Die Sendung des hr-fernsehens wurde zwar Ende 2019 eingestellt, lebt aber im Herzen vieler Hessen weiter. Im Gegensatz zu Heinz Schenk, dem Moderator der legendären Fernsehsendung „Zum Blauen Bock", ist Ex-„Hessenquiz"-Moderator Jörg Bombach übrigens „echter" Hesse und geboren in Offenbach am Main.

Cineastisches Lustschloss

Die künstliche Ruine „Löwenburg" im Kasseler Bergpark Wilhelmshöhe diente bereits als Kulisse für Film und Fernsehen, darunter der Streifen „So sind die Männer" (1922) mit Marlene Dietrich. In „Grand Budapest Hotel" (2014) von Wes Anderson wird die „Löwenburg" kurz eingeblendet. Auch eine Folge der TV-Serie „Pfarrer Braun" wurde 2010 hier gedreht.

Ruine auf Rezept

Da „romantische“ Ruinen gerade der letzte Schrei waren, ließ Landgraf Wilhelm IX. von Hessen-Kassel einfach eine solche bauen. 1793 entstand so das Lustschloss „Löwenburg“ im Kasseler Bergpark Wilhelmshöhe. Die Pseudo-Ruine, die den Charme einer mittelalterlichen Ritterburg nachahmt, diente dem Landgrafen als romantischer Rückzugsort. Später wurde Wilhelm in dem neugotischen Gemäuer bestattet.

Internationale Wundertüte

Im UNESCO-Weltkulturerbe Bergpark Wilhelmshöhe finden sich ein chinesisches Dorf, eine Pyramide und mehrere Tempel. Damit wollte man in Kassel wohl seine Weltläufigkeit demonstrieren.

Bergleuchten

Wasser ist im Bergpark Wilhelmshöhe in Kassel allgegenwärtig: Teiche, Seen, Fontänen und Kaskaden setzen das Nass gekonnt in Szene. Die zugrunde liegende ausgefeilte Technik ist jahrhundertealt und macht sich – ganz ohne Strom und Pumpen – das Gefälle zunutze. Wer in den warmen Monaten zu abendlicher Stunde in den Bergpark kommt, erlebt mit etwas Glück ein magisches Schauspiel: An besonderen Tagen werden die Wasserspiele in bunten Farben illuminiert.

Gurkenkraut-Gewässer

Dill ist als Gewürzpflanze in Deutschland sehr beliebt. Trägt der mittelhessische Lahn-Dill-Kreis also gar das Gurkenkraut im Namen? Natürlich nicht! Gemeint ist hier der Fluss Dill, ein 55 Kilometer langer Nebenfluss der Lahn, der sich durch Hessen schlängelt. Der Fluss hatte dabei auch Einfluss auf die „aromatische" Namensgebung vieler Orte an seinem Lauf: so zum Beispiel Dillbrecht, Dillheim, Offdilln und Dillenburg.

Mutter von Monte Carlo

Die Spielbank Bad Homburg gehört zu den berühmtesten, ältesten und erfolgreichsten Casinos in Europa und wird auch stolz „Mutter von Monte Carlo“ genannt. Eröffnet wurde sie im Jahr 1841.

Rien ne va plus!

„Nichts geht mehr!“ 1849 musste die Spielbank Bad Homburg schließen: Die Deutsche Nationalversammlung in Frankfurt hatte ein Verbot für „Stätten der Unsittlichkeit und Trägheit“ beschlossen. Die Folge: Es wurde einfach „privat“ weitergespielt, bis die Aufhebung des Verbots wenige Monate später ein öffentliches Spielen wieder möglich machte.

Längster Zahn

Der längste Zahn der Welt wurde in Offenbach gezogen. Der (Alb-)Traum eines jeden Zahnarztes misst stolze 3,72 Zentimeter und landete damit im „Guinnessbuch der Rekorde“.

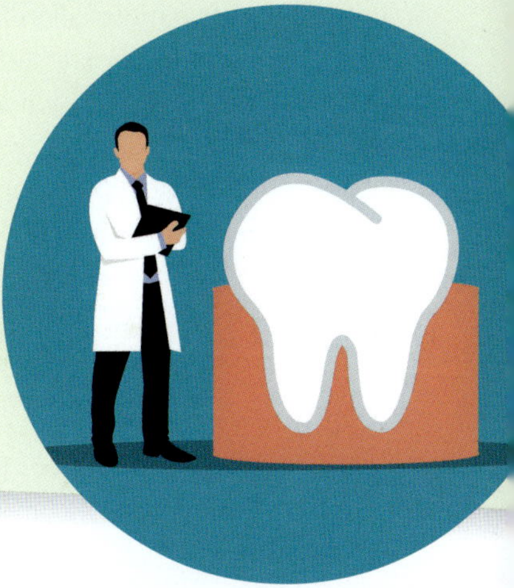

Größtes Weingut

Das größte Weingut in ganz Deutschland ist natürlich in Hessen zu Hause. Die Rede ist von den Hessischen Staatsweingütern Kloster Eberbach. Ganze 238 Hektar Anbaufläche bieten viel Platz für Riesling und andere leckere Gewächse. Übrigens sind fast alle Innenaufnahmen des legendären Films „Der Name der Rose“ (1986) im Kloster Eberbach gedreht worden.

Spätlesereiter

Die Spätlese geht angeblich auf einen Reiter zurück, der im Jahr 1775, nun ja, eben sehr spät dran war. Die Mönche des Schlosses Johannisberg im Rheingau warteten ungeduldig auf die Rückkehr des Reiters aus Fulda, der ihnen die fürstbischöfliche Erlaubnis zum Start der Weinlese überbringen sollte. Als der Bote nach Wochen zurückkam, waren die Trauben schon teilweise faulig und verschrumpelt. Der so entstandene Wein war allerdings keinesfalls ungenießbar, sondern aufgrund der Edelfäule sogar besonders köstlich. Seither nimmt Fulda für sich in Anspruch, „Erfinderin“ der Riesling-Spätlese zu sein. Diese (geschichtlich nicht belegte) Spätlese-Anekdote gibt es sogar in Comicform. Band 1 der Comicserie „Karl“ nimmt sich der Legende an und schließt damit augenzwinkernd alle geschichtlichen Lücken.

Cooles Huhn

In Wald-Michelbach im Odenwald ist Huhn „Henriette" regelmäßig auf den Straßen unterwegs – und trägt deshalb zu ihrer eigenen Sicherheit (und der der Anwohner) eine Warnweste. Die stilsichere Hühnerdame hat es damit rasch zu lokaler Berühmtheit gebracht und posiert bei guter Laune sogar für ein Foto der „Paparazzi".

Cooler Bergsee

Der Guckaisee, östlich von Poppenhausen gelegen, ist der einzige natürlich entstandene See im hessischen Teil der Rhön. Im Hochsommer lässt es sich hier gut baden. In anderen Jahreszeiten trauen sich indes wohl nur die härtesten Hobbyschwimmer ins kühle Nass – oder Leute mit Neopren-Kälteschutz …

Groß dank Mist

Ein hessischer Hobbygärtner erntete eine regelrechte Rekord-Zucchini: Das Riesengemüse wog stolze 53,5 Kilogramm! Auf chemisches „Doping" habe er vollständig verzichtet. Als Dünger diente – ganz natürlich – reiner Rindermist.

Eine Fuldaer Erfolgsgeschichte

1947 gründete ein gewisser Theo Gutberlet ein Tante-Emma-Lädchen in Fulda. In dem bescheidenen Geschäft konnte man Zucker, Mehl, Nudeln und Co. kaufen. Aus diesen einfachen Anfängen sollte später, vorangetrieben von seinen umtriebigen Nachkommen, der weit über Hessen hinaus bekannte Lebensmittelfilialist „Tegut“ werden.

Gegen die gerade Linie!

Der Künstler Friedensreich Hundertwasser Regentag Dunkelbunt (1928–2000) – oder kurz Hundertwasser – hat Darmstadt eines seiner ungewöhnlichen Bauprojekte hinterlassen: Die „Waldspirale“, eine farbenfrohe Wohnanlage mit über 100 Wohnungen, folgt Hundertwassers Überzeugung: „Gegen die gerade Linie und den rechten Winkel!“ Architekt Heinz M. Springmann hat die exzentrische Vision des Künstlers mit viel Liebe zum Detail umgesetzt. So ist z.B. jedes der über 1.000 Fenster ein Unikat.

„Salve!" – Willkommen im Römischen Kastell!

Das Kastell Saalburg zwischen Bad Homburg und Wehrheim ist Teil des Obergermanisch-Raetischen Limes. Die ehemalige Außengrenze des Römischen Reichs ist heute UNESCO-Weltkulturerbe. Geschichte pur also! Vor Ort gibt es Essen nach „Original Römer Rezeptur" und dazu die passenden Weine – und natürlich auch viele „Römer" in detailgetreuer Kostümierung.

Der Kaiser war ein Römer-Fan

Niemand anderem als Kaiser Wilhelm II. ist es zu verdanken, dass das römische Kastell Saalburg sich heute so schmuck präsentieren kann. Der Monarch war ein bekannter „Geschichts-Freak" und machte die Wiederherstellung des Gemäuers zum Gegenstand „höchstkaiserlichen Interesses". Der Rest ist Geschichte.

Die „Bartenwetzer" von Melsungen

Die Bartenwetzerbrücke im nordhessischen Melsungen verdankt ihren Namen den dortigen Holzfällern. Sie wetzten ihre Äxte („Barten") an den Sandsteinen der Brücke, um sie für die Arbeit zu schärfen. Der kuriose Brauch, dessen Spuren noch heute erkennbar sind, verschaffte den Melsungern auch gleich ihren „Kosenamen": „Bartenwetzer".

„Braun-Town"

Weil so viele Melsunger bei der international aktiven Firma B. Braun arbeiten, wird die Stadt manchmal augenzwinkernd „Braun-Town" genannt. Die Mitarbeiter des erfolgreichen Unternehmens für Pharma- und Medizinbedarf nennen sich selbst stolz „Braunianer".

Gut verstecktes Dreiländereck

Zwischen Melperts, einem Ortsteil der osthessischen Gemeinde Ehrenberg (Rhön), dem thüringischen Birx und dem Schwarzen Moor (Bayerische Rhön) liegt ein Punkt, an dem sich alle drei Bundesländer berühren. Wer ihn erreichen will, hat dabei nur zu Fuß eine reelle Chance. Statt eines hochtrabenden Denkmals erwartet den Wanderer hier nur ein verwitterter Wegweiser. Echtes Rhöner Understatement.

„Akte X" lässt grüßen

Nachdem zuerst in den USA und später weltweit mysteriöse Monolithen auftauchten, die mitunter scherzhaft Außerirdischen zugeschrieben wurden, hatte man auch im hessischen Sulzbach ein solches Objekt entdeckt. Ob Aliens zu Besuch in der Gemeinde im Main-Taunus-Kreis waren oder sich ein paar kreative Hessen einen Spaß machten, ist bisher ungeklärt. Inzwischen wurde das Objekt übrigens von Unbekannten zerstört. Die Akte ist damit geschlossen.

Jossgrund und ein skurriler Brunnen

Zu ungewollter Berühmtheit gelangte ein Brunnen in Jossgrund, einer kleinen Gemeinde im hessischen Main-Kinzig-Kreis: Die Form des wasserspendenden Objekts erinnert nämlich viele an ein männliches Geschlechtsteil. Der „Penis-Brunnen" wurde bald zur Attraktion – und das auch noch direkt auf dem Platz vor der St.-Martins-Kirche! Vor Ort bedenkt man die neu geschaffene Sehenswürdigkeit mit einem Augenzwinkern. Lachen ist schließlich gesund!

Die Grenzen des guten Geschmacks

Der berüchtigte „Penis-Brunnen" in Jossgrund hat findige Ansässige zu mancher kulinarischer Köstlichkeit fragwürdigen Aussehens inspiriert. Scherzbolde können sich etwa einen „Penis-Eisbecher" bestellen oder das eindeutig geformte „Brunnen-Brötchen" schmecken lassen. Na dann: Guten Appetit!

Ein Turm für die Liebe

Auf den Lahnbergen oberhalb der Stadt Marburg steht weithin sichtbar der Kaiser-Wilhelm-Turm, der im Volksmund „Spiegelslustturm“ genannt wird. Mit 36 Metern Höhe bietet er einen wunderbaren Blick über das Panorama am Horizont – bei guter Sicht bis zum Taunus. Verliebte Studierende mag dabei nicht nur der Ausblick, sondern auch das große Neonherz in romantische Stimmung versetzen. Dieses kann man mit einem kostenpflichtigen Anruf zum Leuchten bringen und somit dem ganzen Umland ein gut sichtbares Signal der Liebe senden.

Besteigen auf eigene Gefahr!

Studenten, denen eine Zwischenprüfung bevorsteht, sollten sich vor amourösen Turmbesteigungen hüten. Denn hartnäckig hält sich der Aberglaube, dass man durch Physikum oder Vordiplom rasselt, wenn man den „Spiegelslustturm“ bei Marburg zuvor bestiegen hat. Also lieber erst büffeln und dann busseln.

Hessische Rosenbomber

Wer am Valentinstag noch schnell eine Rose für die geliebte Person kaufen möchte, sollte den Hessen dankbar sein. Die Lufthansa importiert jährlich gut 900 Tonnen der blumigen Pracht aus Ländern wie Kenia, Kolumbien und Ecuador. Gut gekühlt kommen die etwa zehn Millionen Rosen am Frankfurter Flughafen an – und werden dann in Windeseile über ganz Europa verteilt.

Die Last der Liebe

An das Brückengeländer angebrachte „Liebesschlösser“ brachten den Eisernen Steg in Frankfurt mit ihrem Gesamtgewicht derart zum Ächzen, dass sie aus Sicherheitsgründen entfernt werden mussten. Respektvoll wurde aber von einer Entsorgung abgesehen. Stattdessen soll daraus Kunst entstehen. So lebt die romantische Idee weiter.

Der Knast der Liebe

Die Künstlergruppe Frankfurter Hauptschule findet „Liebesschlösser“ überhaupt nicht romantisch, sondern reaktionär, einengend und peinlich. Die Künstler zahlen für jedes entfernte Schloss einer gescheiterten Beziehung einen Euro an den Besitzer. Das Metall soll dann eingeschmolzen werden und Rohmasse für ästhetischere Kunst ohne „Knastsymbolik“ werden.

Schlüpfriger Ortsname

Poppenhausen?! Manch Auswärtiger mag beim Betrachten des Ortsschilds der osthessischen Gemeinde unterhalb der Wasserkuppe grinsen. Doch selbst die Geschichte dahinter scheint ungewollt komisch, denn sogar der Namensgeber liest sich wie ein Flachwitz: Die Rede ist von Graf Poppo I.

Der Liebesweg von Poppenhausen

Dass der Poppenhausener trotz des Ortsnamens im Herzen ein Romantiker ist, beweist der „Liebesweg". Der drei Kilometer lange Rundweg mit Panoramablick erzählt auf verschiedenen Stationen von der Liebe – und soll zu zweit am schönsten zu bewandern sein. Zum „Liebesweg" gehört auch ein Hochzeitspavillon, wo sich Liebestolle trauen lassen können.

„Steggeläufer"-Paradies

Überregional bekannt ist Poppenhausen übrigens nicht nur wegen seines Namens, sondern auch aufgrund eines besonderen sportlichen Events: Der „Rhönlauf" lockte bereits fünfzehnmal Nordic-Walker von nah und fern in die Rhön. Die „Steggeläufer", Walker und Wanderer können sich an unterschiedlichen Strecken messen. Unterwegs gibt es Getränke und kleine Snacks umsonst – eine Spende freundlicher Unterstützer. Auch die Startgebühren werden für einen guten Zweck gespendet. So strömen die wetterfesten Rhöner Outdoor-Enthusiasten selbst bei strömendem Regen zu Hunderten ins schöne Poppenhausen. Der „Rhönlauf" ist übrigens der älteste regelmäßig stattfindende Nordic-Walking-Volkslauf.

Schlüpfriger geht immer …

Nach Poppenhausen darf auch Wixhausen in Darmstadt nicht fehlen. Bevor es ins allzu Schlüpfrige abdriftet, beenden wir den Reigen!

Lindwurmburg?

Warum das hessische Limburg seinen Namen trägt, ist bis heute nicht geklärt. Einer beliebten, aber eher unwahrscheinlichen Theorie zufolge geht der Name auf den christlichen Heiligen und legendären Drachentöter Georg zurück. Der Limburger Dom wird zu Ehren des Lindwurm-Bändigers auch „Georgsdom" genannt.

„Falscher Limburger"

Der Limburger Käse hat nichts mit Limburg an der Lahn zu tun, sondern leitet sich von dem früheren Herzogtum Limburg im heutigen Belgien ab. Der Limburger gilt als einer der geruchsintensivsten Käsesorten. Selbst Mark Twain widmete seinem Gestank einst eine Geschichte. Wer sich von der eigenwilligen Duftnote nicht abschrecken lässt, den erwartet aromatische Würze pur.

Die längste Picknickdecken-Strecke

Zusammen picknicken ist schöner als allein, dachte man sich in Gießen. So machten es sich 2015 etwa 5.000 Outdoor-Esser nebeneinander gemütlich und erreichten damit zusammen eine ununterbrochene Picknickdecken-Strecke von 2.433,6 Metern! Ein Picknick-Weltrekord!

Der Himmelsstürmer von Kassel

Direkt vor dem Kulturbahnhof Kassel ist ein Mann zu sehen, der sicheren Schrittes ein 25 Meter hohes Stahlrohr hinaufsprintet. Dennoch muss niemand die örtlichen Sicherheitskräfte informieren. Es handelt sich vielmehr um eine künstlerische Installation: Der „Man Walking to the Sky" des US-amerikanischen Künstlers Jonathan Borofsky wurde von den Bewohnern Kassels einfach „Himmelsstürmer" getauft. Während der „documenta IX" 1992 befand sich das Objekt übrigens noch auf dem Friedrichsplatz. Es erfreute sich aber so großer Beliebtheit, dass die Stadt – finanziert von Spenden – das Kunstwerk erwarb. Wo der Mann wohl hinläuft? Vielleicht zu seiner „Geliebten" in Straßburg. Dort steht nämlich das weibliche Gegenstück „Woman Walking to the Sky".

WWW-Kick!

Einer der größten Internet-Knoten der Welt – gemessen an der Netto-Datenmenge pro Zeit – befindet sich in Frankfurt am Main und hört auf den Namen „Deutscher Commercial Internet Exchange“. Zu sperrig? Gebräuchlicher ist sein Spitzname „DE-CIX“, ausgesprochen „De-Kicks“.

Chatten mal anders

Wer unter dem Begriff „Chatten“ nur kurzweilige Online-Kommunikation versteht, dem sei gesagt, dass die Chatten auch ein germanischer Stamm waren. Dieser besiedelte damals das heutige Nord- und Mittelhessen – und könnte dem Bundesland zu seinem Namen verholfen haben: „Hessen“ ist vermutlich eine Abwandlung des Stammesnamens.

Hessisches Ur-Telefon

Die erste elektrische Fernsprechverbindung verdanken wir einer hessischen Erfindung: Der Vorläufer des heutigen Telefons wurde von einem Bäckersohn aus Gelnhausen entwickelt. Johann Philipp Reis bastelte das Gerät aus Spaß in der Scheune, eigentlich, um das menschliche Gehör besser zu verstehen. 1861 stellte er sein „Telefon" dem Physikalischen Verein in Frankfurt vor. Einer der ersten per Telefon übertragenen Sätze war: „Das Pferd frisst keinen Gurkensalat." Einer der (nicht allzu zahlreichen) Käufer des Reis'schen „Fernsprechers" war ein gewisser Alexander Graham Bell, der dem Telefon später zur Marktreife verhelfen sollte – und damit dessen Siegeszug einläutete.

Da geht einem ein Licht auf

Ein Museum für Licht und Farbe? Wo sonst sollte das Viseum stehen, wenn nicht in Wetzlar, dem weltbekannten Zentrum von Optik und Feinmechanik? Wer mehr über Fotografie, Farbwahrnehmung, Infrarot-Strahlung und Co. wissen möchte: Das Viseum bringt Licht ins Dunkel.

Mikroskope aus Wetzlar

Das Wetzlarer Unternehmen Leitz (heute Leica Camera AG) wurde zu einem herausragenden Player optischer Gerätschaften, darunter vor allem von Mikroskopen und Kameras. Das hunderttausendste Mikroskop des Unternehmens ging 1907 an den Bakteriologen Robert Koch.

Optikparcours

Wie Optik und Mechanik funktionieren, zeigt ein Lehrpfad in Wetzlar. Der „Optikparcours" überrascht mit Prismenbrunnen, begehbarem Kaleidoskop und vielen weiteren interessanten Objekten und optischen Täuschungen. Also Augen auf!

Kamera-Legende im Tresor

Von dem Urtyp der Schnappschusskamera „Leica“ (eine Abkürzung für „Leitzsche Camera“) von 1913/14 ist exakt ein Exemplar erhalten. Entwickelt wurde das damalige technische Wunderwerk von dem visionären Tüftler Oskar Barnack (1879–1936). Das Original der Kamera-Legende im Taschenformat kann man jedoch nicht ohne Weiteres ansehen – es wird sicher im Safe verwahrt und nur extrem selten der Öffentlichkeit präsentiert.

Ein Schnappschuss für die Ewigkeit

Oskar Barnack hatte die „Ur-Leica" entwickelt und sein erstes selbst geschossenes Bild mit dieser Kult-Kamera war eine Aufnahme des Wetzlarer Eisenmarktes. Heute erinnert ein Kanaldeckel an die exakte Position des Fotografen. Wer also selbst einmal in die Fußstapfen des Erfinders der Kleinbildkamera treten möchte, stellt sich genau hier hin – und drückt auf den Auslöser! Auch wenn das Ergebnis sicher bunter ausfällt als seinerzeit beim guten Barnack.

Mittelpunkt Deutschlands 1

Wo der genaue Mittelpunkt Deutschlands ist, darum streiten sich die Gelehrten. Die Verbindungslinien zwischen dem nördlichsten und südlichsten sowie dem westlichsten und östlichsten Punkt Deutschlands schneiden sich jedenfalls beim hessischen Besse im Schwalm-Eder-Kreis.

Mittelpunkt Deutschlands 2

Der sogenannte Bevölkerungsmittelpunkt Deutschlands liegt etwa 30 Kilometer südöstlich von Besse, dem geografischen Mittelpunkt Deutschlands, und zwar beim hessischen Spangenberg. Mit „Bevölkerungsmittelpunkt" ist der Ort gemeint, zu dem alle Deutschen durchschnittlich den kürzesten Weg zurücklegen müssten.

Aus einer Mücke einen Elefanten machen

Mag der tatsächliche Mittelpunkt Deutschlands je nach Messmethode und Mentalität des Messenden umstritten bleiben, so ist der Mittelpunkt Hessens weniger disputabel: Dieser befindet sich in Mücke im mittelhessischen Vogelsbergkreis, genauer gesagt im Ortsteil Flensungen.

Der Hexenturm, der keiner ist

Im Hexenturm in Fulda wurden gar keine „Hexen“ eingesperrt. Der irreführende Name entstand erst Jahrhunderte nach den Hexenverfolgungen. Der ganz in der Nähe des Doms zwischen Barockviertel und historischer Altstadt gelegene Turm ist Anlaufpunkt vieler Stadtführungen und ein beliebtes touristisches Fotomotiv.

Hessische Filmretter

Da die Originalfassung von „Metropolis“, dem Stummfilm-Klassiker von Fritz Lang, verloren ging, rekonstruierte die Wiesbadener Friedrich-Wilhelm-Murnau-Stiftung in jahrelanger akribischer Arbeit dieses verschollene Original: eine weltweite Schnitzeljagd durch etliche Archive. Das 2001 fertiggestellte Ergebnis wurde noch im selben Jahr von der UNESCO zum Weltdokumentenerbe erklärt. 2008 tauchte dann eine beinahe vollständige Version des Filmes in Buenos Aires auf, die weitere Lücken füllte. Ein paar Minuten fehlen zwar immer noch, doch vielleicht tauchen sie ja irgendwann auf einem Dachboden am anderen Ende der Welt auf …

Darmstadt im Quidditch-Fieber

„Harry Potter"-Fans kennen den Zaubersport „Quidditch", bei dem die Kontrahenten auf Besenstielen durch die Luft rasen. Zwei Studenten aus Vermont entwickelten im Jahr 2005, inspiriert von der literarischen Vorlage, eine „irdische Version" des Vollkontakt-Sports. Da fliegende Besenstiele bisher noch nicht erfunden wurden, halten die Teilnehmer und Teilnehmerinnen Plastikstangen zwischen den Beinen. Wo fand die erste Deutsche Quidditch-Meisterschaft im Jahr 2016 statt? In Hessen – und zwar in Darmstadt! Die Darmstadt Athenas im roten Trikot brennen für den einzigartigen Sport und haben – als einer der ältesten Quidditch-Vereine Deutschlands – schon „Zauberhaftes" auf die Beine gestellt.

Bienensegen

Der „Lorscher Bienensegen“ ist eine der ältesten deutschen Dichtungen in Reimen. Der althochdeutsche Text stammt aus dem 10. Jahrhundert. Vermutlich im Kloster Lorsch (heute ein UNESCO-Welterbe) hat jemand die Zeilen kurzerhand kopfüber auf den unteren Seitenrand einer älteren Handschrift notiert. Der „Bienensegen“ ruft einen abhandengekommenen Bienenschwarm zurück zum Bienenstock. Sehr zu empfehlen für alle magisch begabten Imker.

Ältestes Arzneibuch

Das in ganz Deutschland älteste erhaltene medizinische Buch stammt ebenfalls aus dem südhessischen Lorsch. Das um 785 entstandene „Lorscher Arzneibuch" gehört zum UNESCO-Weltdokumentenerbe. Es enthält fast 500 Rezepte!

Hessisches Element

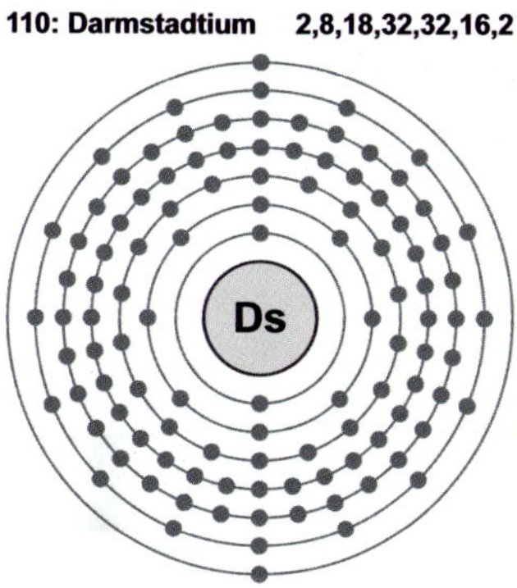

Darmstadt wurde Namenspate des chemischen Elements Darmstadtium. Damit sollte die Darmstädter Gesellschaft für Schwerionenforschung geehrt werden, die sechs neue Elemente entdeckt sowie hergestellt hat. Darmstadt im Periodensystem: Keine andere Stadt in Deutschland teilt diese Ehre!

Tor zum All

Darmstadt greift nach den Sternen: Das Europäische Raumflugkontrollzentrum – oder kurz ESOC („European Space Operations Centre") – hat seinen Hauptsitz in der Stadt und fungiert als „Nervenzentrum" der europäischen Raumfahrt.

Kein Pipifax

In Gießen haben am 5. Juni 2004 Mathe-Nerds ihrer geliebten Kreiszahl Pi eine besondere Liebeserklärung gemacht: 300 unermüdliche Menschen lasen 30 Stunden lang insgesamt 108.000 Nachkommastellen von Pi vor – und stellten so nebenbei einen Weltrekord auf. Wo passiert denn so was? Eine berechtigte Frage, auf die es nur eine Antwort geben kann: natürlich im Mathematikum vor Ort!

Was ist das Mathematikum?

Keine fünf Minuten zu Fuß vom Bahnhof Gießen befindet sich das Mathematikum, „das erste mathematische Mitmach-Museum der Welt". Freunde der Mathematik und solche, die es werden wollen, können hier tief in die Wissenschaft der Zahlen eintauchen. Und selbst Mathemuffel werden dank der plastischen Präsentation vielleicht so manchen Aha-Moment erleben.

Doppelter Konrad

Was haben Konrad Duden (1829–1911) und Konrad Zuse (1910–1995) gemein – vom Vornamen abgesehen? An beide Genies erinnert man sich in Bad Hersfeld gern – der eine forschte auf dem Gebiet der deutschen Sprache, der andere gilt als Erfinder des Computers. So stehen sie auch einträchtig in unmittelbarer Nähe der Stiftsruine als lebensgroße Statuen. Es sieht so aus, als würden sie einen kurzen Plausch halten. Worüber sie sich wohl austauschen?

Der Vater des Computers

Konrad Zuse (1910–1995) verkündete schon als Student: „Ich bin zu faul zu rechnen!" So erfand der ehemalige „Bummelstudent" (wie er sich selbst nannte!) später einfach eine Maschine, die das lästige Rechnen für ihn übernahm: den ersten funktionsfähigen Computer der Welt! Die Zuse KG verlegte 1957 ihren Firmensitz von Neukirchen (Hünfeld) nach Bad Hersfeld. In der hessischen Festspiel- und Kurstadt wurden also die ersten kommerziellen Rechner der Welt produziert.

Zuse und sein Hünfeld

Einen großen Teil seines erfinderischen Lebens verbrachte der Computerpionier Konrad Zuse im hessischen Hünfeld, das sich stolz und hochoffiziell „Konrad-Zuse-Stadt" nennt. In Hünfeld gibt es ein Konrad-Zuse-Museum – und auch Stadtplatz, Bahnhof, eine Schule und ein Hotel tragen den Namen des Erfinders, der in der hessischen Stadt übrigens auch seine letzte Ruhestätte fand.

Der Vater der deutschen Rechtschreibung

Mit dem „Vollständigen Orthographischen Wörterbuch der deutschen Sprache“ schrieb Konrad Duden 1880 Geschichte. Denn das bahnbrechende Buch vereinheitlichte die deutsche Sprache: Dank Duden schrieb nicht mehr jeder so, wie es ihm regional passte. Der Name des Philologen und Lexikografen ist längst Synonym für deutsche Rechtschreibung geworden: „Schlag das mal im Duden nach!“ 29 Jahre lang (1876–1905) war Duden Direktor des Königlichen Gymnasiums zu Hersfeld, wo somit auch sein Hauptwerk entstand. In dem Bad Hersfelder Familiengrab wurde er zur Ruhe gebettet.

„wortreich“

Duden hätte es sicher gefreut: In Bad Hersfeld gibt es eine Ausstellung für Sprache und Kommunikation. Das Science Center „wortreich“ ist wie ein großes Buch aufgebaut: Ein roter Faden – oder ist es doch ein Lesezeichen? – zieht sich durch die elf Kapitel und vorbei an knapp 100 interaktiven Exponaten.

Hessens Stammgast

Der Dalai Lama, das Oberhaupt der tibetischen Buddhisten, hat Hessen derart oft besucht, dass manche munkeln, es sei offensichtlich sein Lieblingsbundesland. Wer dieses Buch gelesen hat, weiß nun auch warum!

Danke!

Meiner Frau Olga, meinen Eltern, Leo, Viola & Mika, Arne, Emma und dem Rest meiner Familie, allen Freunden, Frau Melfi, Frau Scheibe & Frau Unterstab, meinen Zahnärzten, Mogwai, Geronimo, Hesinde, Alan Sutton & Co., allen freundlichen Bildgebern, meinem treuen alten MacBook, dir, der und dem Lesenden – und Baby Elli, dem ich irgendwann Hessen und die ganze Welt zeige!

Bildnachweis

Shutterstock/akf ffm: Einband vorne, S. 87; Oliver M. Schmidt: S. 6, 120, 139 + Cartoons: S. 74, 140, 141; Stadt Bad Hersfeld, Philipp Ißbrücker: S. 7, 22, 64; Shutterstock/FooTToo: S. 8; Stadt Gersfeld (Rhön), Fotograf Dr. Arnulf Müller: S. 9, 11, 12, 25; Pixabay/Momentmal: S. 13; Marburg Stadt und Land Tourismus: S. 14, 121; Pixabay/Pexels: S. 16; Pixabay/hohlstein: S. 17; Shutterstock/Lapping Pictures: S. 18; K. Onze: S. 19; Rüdesheim Tourist AG, Marlis Steinmetz: S. 20; Keltenwelt am Glauberg P. Odvody: S. 21; Pixabay/Foto-Rabe: S. 23; Tourist-Information Wetzlar, Fotograf Peter-Jörg Albrecht: S. 26; Löw, Schlitz: S. 27; Shutterstock/Brian A Jackson: S. 28; By Photo by CEphoto, Uwe Aranas or alternatively © CEphoto, Uwe Aranas, CC BY-SA 3.0, https://commons.wikimedia.org/w/index.php?curid=34871829: S. 29; Shutterstock/Victoria 1: S. 30; Leonard G. Schmidt: S. 31, 124; Shutterstock/Only Fabrizio: S. 33; Shutterstock/Bernd Schmidt: S. 34; Schutterstock/Sonsedska Yuliia: S. 36; Shutterstock/optimarc: S. 37; Pixabay/minorthreadsco: S. 39; Pixabay/GDJ: S. 41; By Franzfoto - Own work, CC BY-SA 3.0, https://commons.wikimedia.org/w/index.php?curid=16664009: S. 42; Shutterstock/Africa Studio: S. 43; By Lotte76 - Own work, CC BY-SA 4.0, https://commons.wikimedia.org/w/index.php?curid=89785026: S. 45; Shutterstock/Palugada: S. 46; Pixabay/Carles del Río Francés: S. 48; MedienzentrumBildarchiv der Stadt Hanau: S. 50; Pixabay/Wolfgang Eckert: S. 52 oben; Dr. Mathias R. Schmidt: S. 52 unten; Gemeinde Hofbieber, Foto:

Harald Jordan: S. 54; Gemeinde Hofbieber, Foto: Arnulf Müller: Innenklappe vorne, S. 55 (Bild: Milseburg-Panorama); Kunststation Kleinsassen: S. 55 (Bild: Skulptur Riese Mils); Gabriela Schmidt: S. 58, 60, 134; Verlag Parzeller GmbH & Co. KG: S. 59; Shutterstock/Shulevskyy Volodymyr: S. 63; Pixabay/Etienne Marais: S. 66; Klaus-Peter Kappest: S. 67; Shutterstock/imageBROKER.com: S. 68; Pixabay/iXimus: S. 69; Shutterstock/Oliver Hoffmann: S. 70; Rüdesheim Tourist AG, Woody Herner: S. 71; Pixabay/pixel2013: S. 72; Pixabay/cocoparisienne: S. 73; Pixabay/Lebensmittelfotos: S. 75; By Benreis - Own work, CC BY 3.0, https://commons.wikimedia.org/w/index.php?curid=42156845: S. 76; Pixabay/silviarita: S. 78; Pixabay/vbosica: S. 79; Darmstadt Marketing, Rüdiger Dunker: S. 81; Pixabay/Steve Buissinne: S. 82; Mit freundlicher Genehmigung der Bad Nauheim Stadtmarketing und Tourismus GmbH: S. 83, 84; Pixabay/Chiemsee2016: S. 86; Shutterstock/mythja: S. 88; Shutterstock/MariaKovaleva: S. 90; Pixabay/kaheig: S. 91; Shutterstock/FocusStocker: S. 92; Shutterstock/Stephen Barnes: S. 94; Pixabay/TheDigitalArtist: S. 98; Shutterstock/pashabo: S. 99; Pixabay/Philippsaal: S. 101; Stefan Bahn: S. 102; Gemeinde Hofbieber, Foto: Philipp Manderscheid: S. 103; Von J. Behringer - Klaus Günzel: Die deutschen Romantiker. Artemis, Zürich 1995, ISBN 3-7608-1119-1, Gemeinfrei, https://commons.wikimedia.org/w/index.php?curid=12223672: S. 104; Pixabay/johannaknueppel: S. 105; Shutterstock/d1sk: S. 107; Shutterstock/Aysezgicmeli: S. 108/109; Pixabay/Klaus Schwalm: S. 111; Pixabay/Eszter Miller: S. 112; Pixabay/mohamed_hassan: S. 113, 129; Pixabay/WikimediaImages: S. 115; Pixabay/jackmac34: S. 117; By Bodo Kubrak - Own work, CC0, https://commons.wikimedia.org/w/index.php?curid=32631544: S. 118; Pixabay/Clker-Free-Vector-Images: S. 119; Pixabay/congerdesign: S. 122; Pixabay/jakob-wiesinger: S. 123; Shutterstock/Blazej Lyjak: S. 125; Olga Ibe: S. 127; Shutterstock/VECTOR FUN: S. 128; Tourist-Information Wetzlar, Fotograf Dominik Ketz: S. 130, 132u; LEICA CAMERA AG I WETZLAR: S. 131, 132o; Pixabay/OpenClipart-Vectors: S. 133; Van Klaveren Quidditch Photography (Nick van Klaveren, Juliane Schillinger): S. 135; Shutterstock/Aleksandr Rybalko: S. 136; By Pumbaa (original work by Greg Robson) - Own work, CC BY-SA 2.0 uk, https://commons.wikimedia.org/w/index.php?curid=717199: S. 137; Pixabay/geralt: S. 138.

Impressum

Sutton Verlag GmbH
Arnstädter Straße 8
99096 Erfurt
www.suttonverlag.de

ISBN: 978-3-96303-293-6
Druck: Florjančič Tisk d.o.o. / Slowenien
Gestaltung und Herstellung: Sutton Verlag
Lektorat: Christiane Wagner

In diesem Buch wird aus Gründen der besseren Lesbarkeit das generische Maskulinum verwendet. Weibliche und anderweitige Geschlechteridentitäten werden dabei ausdrücklich mitgemeint, soweit es für die Aussage erforderlich ist.